De Amsterdamsche Courant,
Door W.p. Santijn [sic] Kluit...

Willem Pieter Sautijn Kluit, Amsterdamsche Courant

Geschiedenis der

Amsterdamsche Courant

door

Mr. W. P. Sautijn Kluit

DE AMSTERDAMSCHE COURANT,

DOOR

Mr. W. P. SANTIJN KLUIT.

De Nederlandsche Spectator van 12 Mei 1866, N°. 19,
bl. 145, heeft bij de aankondiging van het 3de stuk van
het vorige deel dezer Bijdragen, en bij het woord van
ingenomenheid met onze daarin voorkomende Opmerkingen
en Mededeelingen omtrent Fransche dagbladen en tijdschriften in Nederland uitgegeven, de verwachting uitgesproken,
dat wij in eene niet te ver verwijderde toekomst de voor-
spelling des Heeren Hatin vervullen en als geschiedschrij-
ver der Nederlandsche periodieke pers optreden zouden. En
toch, al is ook deze verwachting geheel in overeenkomst
met ons streven, de verwezenlijking van het plan om de
uitgave te bezorgen eener beschrijvende Bibliotheek van al
wat er binnen en buiten 's lands in de Nederlandsche taal,
en binnen de grenzen van Noord-Nederland ook in andere
talen op periodiek gebied verschenen is [1] — of wel in engeren
zin de beantwoording der vraag naar eene literatuur en
kritiek der dagbladen en andere periodieke geschriften van
staatkundigen aard in Nederland tot 1830, reeds in het jaar

---

[1] Gelijk b. v. de Vlaamsche en Oost- en West-Indische periodieke
geschriften, het thans te New-York op groote schaal verschijnend weekblad de Nederlander en de Nederlandsche Heraut, en behalve de hier te
lande verschenen Fransche periodieke werken ook de Italiaansche en
Spaansche Couranten in de 17e, en de Hoogduitsche Courant in de 18e
eeuw te Amsterdam uitgegeven.

1861 door het Provinciaal Utrechtsch Genootschap van Kunsten en Wetenschappen uitgeschreven —, schijnt onzes inziens niet de vrucht der naaste toekomst te zullen zijn. Immers de groote omvang van het onderwerp, die ons reeds teruggebragt heeft van het voornemen, deel IV, bl. 247, aant. medegedeeld, om eene bijdrage te leveren tot de Geschiedenis der Nederlandsche Journalistiek van 1780—1813, maar nog veel meer het gebrekkige der inlichtingen die men bekomen kan, en de onbekendheid met hen die, regts en links verspreid, in het bezit zijn van min of meer belangrijke overblijfselen van dat ontzaggelijk groote aantal periodieke geschriften, waaraan het betrekkelijk kleine Nederland zoo bijzonder rijk is geweest, ja nog is, zijn de hinderpalen om datgene tot stand te brengen waartoe het anders niet aan den lust ontbreekt. Belangrijk intusschen mag reeds de verzameling aanteekeningen genoemd worden door ons met betrekking tot dit uitgestrekte onderwerp bijeengebragt, en menige wetenswaardige bijdrage zou daaraan kunnen ontleend worden. Doch, wanneer men bedenkt dat ieder dagblad, weekblad of tijdschrift zijne eigenaardige roeping had te vervullen, dat de meesten daarbij zoowel veranderingen in den vorm, als verwisselingen in de redactie en de uitgevers hebben ondergaan, dat een groot aantal verder door vervolgingen, verbodsbepalingen als anderzins eene werkelijke geschiedenis heeft, — wanneer men bedenkt dat dit alles in eene behoorlijke geschiedenis of bibliographie van periodieke geschriften moet voorkomen, en dan het oog vestigt op de zeer verklaarbare armoede aan dergelijke werken der openbare boekerijen, waarvan de catalogi helaas te weinig algemeen verkrijgbaar zijn gesteld, terwijl de kleine maar niet te versmaden schatten van particulieren natuurlijk geheel in het duister verscholen liggen, — dan wordt de ingenomenheid en tevredenheid met al wat men reeds verzameld en bijeengebragt heeft ontzettend getemperd, en men wanhoopt schier aan het tot stand komen van datgene wat men zoo gaarne wenscht. Wel is waar dat het voorbeeld van den

Heer Hatin, dien wij ons gerust als model kunnen stellen, kan gevolgd worden. Hij toch gaf in het jaar 1846, in een werkje van slechts 120 pag. 16°., een Histoire du journal en France, waarvan eerst zeven jaren later, in 1853, eene „2ᵉ edition, entièrement refondue," 320 pag. 16°, het licht zag, welke beide werkjes, doch niet dan na een lang tijds-verloop, geheel in de schaduw werden gesteld door zijne beide groote werken de Histoire politique et littéraire de la presse en France, 1859—1861, 8 vol. in 8°, en de Biblio-graphie historique et critique de la presse périodique française, gr. in 8°, waarbij Les Gazettes de Hollande, in 1865 ver-schenen, niet vergeten mogen worden. Maar is dit Fransche voorbeeld hier te lande wel navolgbaar? Het vertrouwen toch op de belangstelling in deze zaak van den kant van het publiek is bij ons zeer gering [1], en tweede en derde uitgaven van wetenschappelijke werken laten in Nederland meestal naar zich wachten. Toch betwijfelen wij of er wel een belangrijke stap voorwaarts op dit gebied zal kunnen gedaan worden zonder eene eerste halve en uiterst gebrekkige uitgave. Immers dan eerst zal misschien de belangstelling van het groote pu-bliek, dat de zoo gewenschte inlichtingen verschaffen kan, in zooverre ontwaken, dat het bij de aanschouwing van zoo-veel halfs en gebrekkigs met zijne wetenschap voor den dag komt, al zal ook bij de groote geheimzinnigheid die onze dagbladen vooral omgeeft, en de duisternis waarin hun beheer is gehuld, ontzettend veel in den stroom der verge-telheid verloren moeten gaan. Maar, wat er ook van dit alles zij, dit staat vast, dat tegenover het gemis van de meest onontbeerlijke bouwstoffen voor de geschiedenis van

---

[1]) De Heeren J. C. Altorffer te Middelburg, en W. F. de Jonge te Utrecht, wien ik hier openlijk mijnen opregten dank betuig, toch waren tot hiertoe de eenigen die in den Nederlandschen Spectator van 6 Julij 1867, N° 27, en 1 Februarij 1865, N° 5, mededeelingen plaatsten gelijk ik er vele noodig heb. Mogten zij slechts, die teruggehouden worden uit vrees voor het mededeelen van bekende zaken, mij tijdelijk hunne kleine schatten afstaan! Een slecht boekhouder te zijn kan hier wellig eene aanbeveling wezen.

verre weg het grootste gedeelte der Nederlandsche periodieke
literatuur, een rijkdom van gegevens staat voor de geschiedenis van sommige onderdeelen, die, naar gelang der omstandigheden, in stedelijke archiven of elders verscholen
liggen, maar niettemin toegankelijk zijn voor hem die weet
te zoeken en te verwerken. Zoo althans is het gelegen met
de geschiedenis der Amsterdamsche Courant, en naar wij
vermoeden met die van de meeste zoogenaamde stads of
stedelijke couranten, ofschoon daarbij in het oog moet worden gehouden, dat de betrekkingen die er vroeger tusschen
de steden en de daar uitgegeven couranten hebben bestaan,
hier of elders hemelsbreed verschilden, zoodat, om slechts op
één voorbeeld te wijzen, de naam van stedelijke courant aan
de Opregte Haarlemsche gegeven, in geenen deele geregt-
vaardigd is. Van daar dat de onderscheidene stedelijke
archiven, naar onze meening, met betrekking tot dit onderwerp eene weinig gelijke hoeveelheid bouwstoffen zullen opleveren. Intusschen heeft het Amsterdamsche Archief, dank
zij de zoo welwillende en meest belangstellende hulp van
Dr. P. Scheltema, mijne verwachting niet teleurgesteld; en
nu het gelukkig toeval mij in de nabijheid heeft geplaatst
van die belangrijke bron voor de geschiedenis van Neêrlands
oudste courant, achtte ik het mijn pligt, bij de geuite klagt
over het gemis aan gegevens voor het bereiken van mijn
hoofddoel, in de eerste plaats zelf de bewerking dier geschiedenis ter hand te nemen [1], om als proeve van mijn oogmerk
anderen aan te sporen soortgelijke taak te vervullen, die door
de aanwezigen in loco stellig minder lastig is dan voor hem
die zich voor zoodanig doel verplaatsen moet en geruimen
tijd elders verblijven. Moge deze bijdrage tevens beschouwd
worden als eene verbetering en aanvulling van Wagenaars

---

[1] Wij bedoelen uitsluitend de geschiedenis der courant, thans staande
onder de hoofd-redactie van den Heer A. J. de Bull. Van de vele overige
Amsterdamsche bladen of uitgevers en verspreiders van nieuwstijdingen
is hier geen sprake.

Amsterdam, deel III, boek V, § 9, getiteld: Stads-Couranten-Drukkerij (fol. uitgave deel II, bl. 390 en 391), en tegelijkertijd eene bijdrage zijn voor de geschiedenis mijner zoo dierbare geboortestad, die „stad der steden van Nederland" met haar roemrijk verleden.

De vraag in hoeverre geschreven of gedrukte nieuwsberigten, die slechts nu en dan bij bijzondere gelegenheden werden uitgegeven, of wel mededeelingen van tijdingen en geruchten aan de Amsterdamsche regering door daartoe elders uitsluitend aangestelde personen, de eerste aanleiding hebben gegeven tot de regelmatige uitgifte van couranten te Amsterdam, ga ik met stilzwijgen voorbij om de eenvoudige reden dat mij van dit alles voor alsnog hoegenaamd niets bekend is. In 't oog vallend evenwel is het, dat de oudste sporen van couranten of weekbladen te Amsterdam uitgegeven zamenvallen met het tijdstip waarop daar ter stede aan de benoeming van loopende of koopmansboden meer uitbreiding, en aan de geheele instelling meer vastheid werd geschonken [1]. Niets was dan ook meer natuurlijk dan dat sommige boekverkoopers partij gingen trekken van de geregelde wekelijksche aankomst der boden met hunne brieven en berigten, eene zaak waarin, gedurende de eerste jaren der 17e eeuw, te Amsterdam eene zoo aanmerkelijke verbetering kwam. Maar daarom ook klimt de oorsprong der Amsterdamsche Courant ongetwijfeld hooger dan Mei 1619, het oudste tijdstip waarop wij met zekerheid weten dat er Vrijdags eene courant uitgegeven werd. Immers sedert 1605 kreeg men te Amsterdam wekelijks geregeld berigten uit Keulen, sedert 1606 uit Embden en Hamburg, sedert 1609 uit Munster, Gend en Rijssel en sedert 1611 uit Wezel, Doornik en Valenciennes, om van binnenlandsche plaatsen niet te gewagen, terwijl Antwerpen en Rouaan reeds sedert 1568 en 1597 wekelijks

[1] Dr. P. Scheltema, Aemstel's Oudheid, deel 2, blz. 212.

hare berigten herwaarts zonden. Bij gelegenheid van een bezoek aan het Rijks-Archief maakte dan ook de Heer P. A. Leupe mij opmerkzaam op twee aanteekeningen in de Resolutiën van Bewindhebberen der O. I. Compagnie, Kamer Amsterdam, waar reeds onder dagteekening van Maandag 7 April 1607 gezegd wordt hoe er besloten was, dat niemand der bewindhebbers eenige *Courant* of eenige andere stukken uit de Kamer zou mogen nemen op boete van 3 gld., en waar negen jaren later, Maandag 11 April 1616, werd aangeteekend, dat men besloten had om door de rekenmeesters wederom aan den *Courantier* de 10 rijksdaalders te doen uitbetalen, onder kennisgeving dat men voortaan de Courant niet meer noodig had, daar de Compagnie het onnoodig achtte daarvan de kosten te dragen.

Intusschen blijft ook nu nog het slot van het Verhael van den doodt des Advocaets van Hollandt, Johan van Oldenbarnevelt, enz. [1] luidende: ,,Wat voorders passeert sal ic U.E. toecomende Vrydaghe in de Courante mede deelen" het oudste spoor eener Amsterdamsche Courant. Want dat die Courant te Amsterdam, en wel bij Broer Jansz., uitkwam, lijdt schier geen twijfel. Immers de ooggetuige, van wien het Verhael is, blijkens de bijvoeging: ,,alsoo ick 't selve ghesien hebbe," kan, indien die woorden eenigen invloed moeten hebben uitgeoefend op het publiek van die dagen, voor zooverre de geloofwaardigheid van het Verhael betreft, niemand anders zijn geweest dan de persoon bij wien het stuk gedrukt was, aangezien er daarin niemand anders wordt genoemd. Onderaan het Verhael nu leest men: ,,Ghedruct tot Amsterdam, by Broer Jansz. out Courantier in 't Legher van sijn Princel. Excel. woonende in St. Niclaes Straet, naest den Vergulden Os, 1619" [2]. Waarschijnlijk dus was Broer Jansz. zelfs in den

---

[1] Bibliotheek van Pamfletten enz. N°. 1626. Kronijk van het Hist. Genootschap te Utrecht, 1847, bl. 68. Navorscher, deel 5, bl. 388.

[2] In den Navorscher van Maart 1867, bl. 89, werd vermeld: ,,Broer Jansz.", als wonende in ,,de zwarte arend, buijten Jan-Rooden-Poort op 't Margrieten Padt," zonder opgave van jaartal. Ik vermoed echter

Haag geweest op Maandag 13 Mei 1619 getuige van het
zoo jammerlijk schouwspel, waarvan de beschrijving door
hem in druk gebragt, en waarvoor hij zelf als ooggetuige borg bleef, stellig in den smaak van het publiek val-
len en hem eenige verdiensten opleveren zou. Hoe eer hij er
meê klaar was hoe beter, en daarom wachtte hij ook niet tot
den daarop volgenden Vrijdag, waarop een nummer van zijne
gewone courant in 't licht zou verschijnen, maar kwam er
maar aanstonds als iets buitengewoons mede voor den dag.
Inderdaad de „out Courantier in 't Legher van sijn Princel.
Excel," wist hoe het hoorde! Of nu deze Broer Jansz. de let-
terzetter van Amsterdam is, die 15 December 1599 te Leyden
met Aeff. Jansdr. mede van Amsterdam, in den echt trad,
blijft nog de vraag [1], evenzoo hoe hij aan die betrekking van
verslaggever der nieuwsberigten in het leger van den Prins
gekomen was. Maar zeker is dat Broer Jansz. den 5 April
1621 nog woonde terzelfder plaatse als in Mei 1619, want
op zijne courant van dien datum leest men: „Ghedruckt bij
Broer Jansz. oud Courantier int legher van Syn princelycke
Excellentie woonende in S. Niclaes-straet, naest den vergulden
Os." [2] Twee jaren later evenwel was hij verhuisd blijkens
zijne couranten van 13 Maart en 12 Augustus 1623, in het
bezit van den Heer B. W. Wttewaall te Leyden, en „Ghedruckt
bij Broer Jansz. out Courantier in 't leger van S. Pr. Excellentie woonende op de N. Z. Achterburgwal in de Zilve-
ren kan bij de Brouwerij van de Hoy-berch." [3] Aan dit adres

dat zulks was vóór de vergrooting van 1612. Op een pamflet van 1618,
in de verzameling der Acad. Bibl. te Leyden komt Broer Jansz voor
als „woonende op de nieuwe-zijds-Kolck." Een nieuwsberigt door hem
reeds in 1603 uitgegeven vindt men in den Cat. v. Trakt. Pamfl. enz.
van I. Meulman, I, Nº. 982.

[1] Jhr. W. J. C. Rammelman Elsevier in Alg. Konst- en Letterb. v.
17 Dec. 1859, bl. 402, aant. 1.

[2] Mededeeling van J. Schreuder in den Navorscher, deel 5, bl. 196.

[3] Jhr. W. J. C. Rammelman Elsevier t. a. p. Het oude bescheiden
gebouw der hiervermelde bierbrouwerij de Hooiberg bestaat nog altijd
ter zelfder plaatse. De herschepping van den N. Z. Achterburgwal in

treffen wij hem straks den 25 Junij 1639 nog in welstand aan.

Dat Broer Jansz. in 1628 te Amsterdam de eenige man was, die zijn werk maakte van nieuwstijdingen, mag betwijfeld worden, onder anderen op grond dat volgens Resolutie van de XXXVI Raden van 24 Junij 1624 [1] aan de courantiers gelast werd bij hunne aanstelling 6 Gld. aan het Aalmoezeniershuis te geven. Het bewijs hiervan vinden wij evenwel, voor als nog, eerst zoo aanstonds in 1626. Maar wat meer zegt is, dat uit deze resolutie blijkt, hoe er reeds in 1624 betrekkingen bestonden tusschen de courantiers en de Regering der stad Amsterdam. Dat die betrekkingen nogtans niet voortvloeiden uit een regt van eigendom, dat H. H. regeerders van Amsterdam voor hunne stad meenden te kunnen doen gelden, zal het vervolg dezer bladzijden duidelijk doen zien. [2] Aan dat aanstellen der courantiers door de stedelijke regering moet m. i. geene andere beteekenis worden geheccht, dan dat de ondernemers dezer nieuwe tak van nijverheid, voor mededinging bevreesd, en met het oog op toekomstige bezwaren waarop zij mogten stuiten, en moeijelijkheden waarin zij gewikkeld konden worden, hunne regeerders in de zaak kenden, die hen voor de te verleenen bescherming zekere voorwaarden oplegden. Of nu reeds aanstonds van het courantiers-ambt een zoogenaamd loote-ambt gemaakt is, waarom Burgemeesteren onderling het lot wierpen wie de aanstelling doen zou, durven wij niet beslissen.

---

eene breede straat heeft echter de firma Heineken en C[o] bewogen hare eeuwenoude inrigting op Donderdag 23 Januarij 1868 te verplaatsen naar een terrein achter den buitensingel bij de Oosterlaan, (het Otterspad), waar de kundige architect J. Gosschalk een sierlijk gebouw stichtte, dat in zijn stijl de alonde herkomst der brouwerij gedenkt, en in zijne rigting de plaats aanduidt waar weldra eene nieuwe straat getuigen zal van jong en frisch leven.

[1]) Zie de lijst vóór het Officianten-boek op het Archief te Amsterdam

[2]) Wij hebben hier het oog op het ongetwijfeld zeer scherpzinnig advies van den consulent Mr. G. de Vries Az. in zake de Haarlemsche Courant, maar dat bij een onpartijdig historisch onderzoek omzigtig dient geraadpleegd te worden.

Eerst in de maand April 1626 vinden wij de volledige bewijzen dat er te Amsterdam twee couranten bestonden, on-
afhankelijk van elkander, en de Koninklijke Bibliotheek te
's Gravenhage bezit de kostbare verzameling waarvan wij thans
gaan spreken, en waarvan de Heer M. F. A. G. CAMPBELL
in der tijd [1] een zeer duidelijk verslag gaf, dat hier grootendeels overgenomen wordt. Die verzameling bestaat uit een
dik boek in klein folio formaat waarin de eerste bezitter in
eene doorloopende reeks een stel van de nieuwsbladen heeft
bijeengebragt welke te Amsterdam zijn gedrukt van den 25
April 1626 tot 3 November 1635. Deze geheele reeks nu
draagt de blijken van periodiciteit; de bladen verschenen geregeld elken Zaturdag en de buitengewone nommers (als
men ze zoo noemen mag want noch gewone noch buitengewone bladen waren genommerd) 's Maandags, wanneer het
nieuws bijzonder belangwekkend was; de buitengewone nommers waren slechts aan ééne zijde gedrukt, en de eerste
welke in deze verzameling voorkomt is van 5 October 1626.
De omstandigheid dat hij die deze reeks van nieuwsbladen
bijeen bragt, welligt door reeds toen bestaande zeldzaamheid,
geene volledige collectie kon erlangen en daarom van anderen ter completering moest gebruik maken is oorzaak, dat
in dezen band de nommers van twee gelijktijdig te Amsterdam verschijnende bladen, bijeen gebonden zijn. Zoo zijn de

---

[1] Alg. Konst- en Letterbode van 3 September 1859, N°. 36, blz.
281—3. Deze belangrijke verzameling eenmaal behoorende tot „de fraaije
en voor de Vaderlandsche Historie bovenal belangrijke Boekerij" van Mr.
Joost Romswinckel, „een schat, dien deze als uit het puin van zijne
woning" op den voor Leyden zoo diep rampzaligen 12den Januarij 1807
had mogen behouden, ging korten tijd daarna, toen de gelukkige eigenaar zijnen schat aan Koning Lodewijk aanbood, waarvoor deze hem
den 4den December van het gemelde jaar met „55 Obligatiën, van
ƒ 1000 : — : ieder, uit de kort te voren plaats gehad hebbende geld-
leening van 40 Millioenen" (Zie WEEVERINGH, Gesch. d. Staatssch., deel
1, blz. 38) begiftigde, over in de Koninklijke Bibliotheek te 's Gravenhage. Zie (MEERMAN) Jaarb. d. Wetensch. en Kunst in het Koningr.
Holl. 1807, 1 Stuk, bl. 4.

vijftien eerst aanwezige bladen welke geen titel of opschrift hoegenaamd maar de dagteekening van 25 April tot 1 Augusti 1626 dragen „ghedruckt bij Broer Jansz. out Courantier in 't leger van sijn princelijcke excellentie, woonende op de Niew-Zijds-Achter-Borch-wal, in de Silvere kan, bij de brouwerij van de Hoy-berch," terwijl het zestiende, van 8 Augusti, en verscheiden volgende bladen het opschrift dragen: *Courante uyt Italien en Duytsch-landt, etc.* en gedrukt zijn: „Voor Jan van Hilten, in de Beurs straet, in de twee vergulde wapen-ringhen. Ghedruckt tot Amsterdam bij de Weduwe van Joris Veseler, woonende aan de Zuyder kerck in de Hope" [1].

„Broer Jansz. blijft gedurende tien jaren, waaruit bladen in deze verzameling aanwezig zijn, in hetzelfde huis voor zich zelf werkzaam. Van 1629 af ontvangt zijn nieuwsblad een doorloopend nommer en een titel, namelijk: *Tijdinghe uit verscheyde Quartieren*, welke, met eene kleine wijziging in 1630, *Tydinghen uyt vele Quartieren* [2] luidt, ofschoon in 1635 het woord *verscheyde* weder de plaats van *vele* inneemt. Jan van Hilten daarentegen brengt geene verandering in den titel van zijn blad doch hij verhuist in April 1628 naar de „Beursstraet in de gheborduurde handschoen" terwijl zijne drukkerij, waarschijnlijk door het overlijden van de weduwe van Joris Veselaer, in November 1628 overging aan Jan Frederiksz. Stam, die echter steeds achter zijn naam voegde „in de Druckerije van Veselaer" [3].

Wat de inrigting en inhoud dier bladen betreft valt dit mede te deelen. „Elk nommer is op een half blad folio in

---

[1] Blijkens BRANDT, Hist. der Reformatie IV, blz. 644, werd Joris Veselaer van Antwerpen, drukker te Amsterdam, in Januarij 1621, wegens het drukken van eenige boekjes in hechtenis genomen.

[2] Onder dien titel bevindt zich in de rijke verzameling van den Heer I Meulman ook N⁰. 14 en 21 van 6 April en 25 Mei 1630. Zie Cat. van Tractaten, Pamfletten, enz. deel 1 N⁰. 2112 en 2117.

[3] De Heer Meulman bezit van dit blad N⁰. 21, van 25 Mei 1630, en naar het schijnt het buitengewoon nummer van 24 Augustus 1632. Zie Cat. van Tractaten, Pamfletten, enz. deel 1, N⁰. 2118 en 2211.

klein formaat gedrukt. Voor hen die zich de fraaije facsimile herinneren welke de firma Enschedé van de *Weeckelijcke Courante van Europa* N°. 1, als bijvoegsel tot de *Dingsdagsche Haarlemsche Courant* van 8 Januarij 1856 heeft uitgegeven, zal het voldoende zijn hier aan te teekenen dat de grootte van het papier voor de Amsterdamsche en Haarlemsche Couranten gelijk staat, doch dat eerstgenoemde meestal vier regels druks meer telt. De inrigting komt vrij wel overeen met die door Casteleyn aan zijn blad gegeven, ofschoon Broer Jansz. en van Hilten toch voor eenig verschil in de opvolging der landen zorgden. Het buitenlandsch nieuws bleef natuurlijk lang uit; zoo bevat de *Courante* van 9 Januarij 1627 de tijdingen uit Venetie van 18 December, uit Lintz van 12, uit Breslau van 18, uit Berlijn van 22, uit Leipzig van 27, uit Brandenburg van 17, uit Bremen van 24, uit Parijs van 21 dier maand, uit Rees van 6 Januarij. Het nieuws uit Nederland, ofschoon op den achtergrond geschoven, is niet van alle belang ontbloot; gevechten tusschen onze koopvaarders en Duinkerkers en de lading van gerepatrieerde schepen van de Oost-Indische Compagnie maken echter in verreweg de meeste gevallen den hoofdinhoud uit [1]. Wanneer er geen nieuws genoeg was drukte de Courantier zijn blad slechts gedeeltelijk vol en zette aan het einde daarvan eene waarschuwing zoo als in de *Courante* van Jan van Hilten van 21 Januarij 1634 voorkomt: „Dewijle dese weke geen Posten noch Brieven van Neurenbergh, Augsburgh, Frankfoort, Ceulen etc. zijn aengecomen, isser weynich 't adviseren voorghevallen."

„De hartader van het tegenwoordige journalisme, de annonce, ziet men hier schoorvoetend en met zeer kleine letter aan het eind der bladen verschijnen; zij betreft bijna uitsluitend nieuw uitgegeven boekwerken of onderwerpen met de wetenschappen in verband staande. De eerste advertentie in deze

---

[1] In den Volks-Almanak van 1863, bl. 97, heeft Prof. Fruin gewezen op het geheimzinnig stilzwijgen dezer couranten vooral met betrekking tot gewigtige gebeurtenissen te Amsterdam voorgevallen.

verzameling komt voor in het blad van Broer Jansz. van 23
May 1626 en zij kondigt de uitgave aan van het tiende deel van
Wassenaers *Historisch verhael;* verscheiden daarop volgende
nommers bevatten geene aankondigingen en eerst meerdere
jaren later, in 1632, 1633 en 1634 bevat bijna elk nommer advertentien doch geen enkel maal meer dan drie in eens;
niet alleen Amsterdamsche boekhandelaren annonceerden hunne
werken maar ook de voornaamste uit andere steden en wel,
voor zoo ver hier de middelen van vergelijking gaan, in de
beide bladen ter zelfder tijd; er is zelfs een voorbeeld aanwezig dat Broer Jansz. in de *Courante* van Jan van Hilten
heeft geadverteerd (25 Junij 1633)."

Gelijk hierboven reeds is aangemerkt woonde Broer Jansz.
in 1639 nog steeds terzelfder plaatse. Dit bleek ons uit
zijne courant van 25 Junij van dat jaar [1]. Ook deze heeft
tot opschrift: Tijdingen uyt verscheyden Quartieren, 1639.
N°. 26. Ghedruckt t'Amsterdam, by Broer Jansz. (Out Courantier in 't Leger van Sijn Princel: Excellentie) woonende
op de Niew-Zijds Achter-borgwal, in de Silvere Kan, by de
Brouwerije van de Hoybergh. Den 25. Junius. Anno 1639."
Hoe weinig dit nommer ons ook leert, zoo veel blijkt er
evenwel uit, dat dit blad ook in 1639 nog slechts éénmaal
per week uitkwam. Dat het nog in de laatste dagen van
1643 onder gelijken titel het licht zag, bewijst de verzameling aanwezig op de Bibliothèque Mazarine te Parijs, loopende van N°. 25, van 20 Junij 1637 tot aan het einde
van 1643, sedert welken tijd ons omtrent Broer Jansz. als
courantier niets meer bekend is [2] voor het jaar 1666. Te

---

[1] In de Bibl. van wijlen Mr. L. C. Luzac, Verzam. Pamfl. portef.
IX, 1632—1641.

[2] In de verzameling Pamfletten op de Acad. Bibl. te Leyden vond
ik er een van het jaar 1652, waarop nog de naam van Broer Jansz.
voorkomt. In den Navorscher van Maart 1867, bl. 94 werd opgegeven:
„1663. De Wed' Broer Jansz., Boekdr., In de Silvere Kan, Op het Water
by de Oude Brug". Die „Silvere Kan" was dus waarschijnlijk een uithangbord, geen gevelsteen.

midden toch van een zeer belangrijk rommelzoodje couranten
op de Koninklijke Bibliotheek te 's Gravenhage, vond ik:
„Tydinge uyt verscheyde Quartieren, 1666. N°. 28. t'Amsterdam, Gedruckt voor de Weduwe van Broer Jansz., op
't Water by de Oude Brugh, inde Lelye onder de Doornen.
Den 10. July, Anno 1666", en van het volgende jaar 1667
hetzelfde N°. 28 onder gelijken titel maar van 9 Julij. Dit
alleen verdient nog opmerking dat, ten minste van 1639—
1643, naar het schijnt eene woordelijk Fransche vertaling
van dit blad het licht zag, onder den titel: „Nouvelles de
divers Quartiers. Amsterdam, chez Broer Jansz., jadis courantier au camp de Son Excellence, demeurant à l'enseigne
du Pot d'argent, près la Brasserie du Fenil." [1]

Wat Jan van Hilten betreft, ook deze woonde in 1639 nog
terzelfder plaatse als in 1628, blijkens het volgende nummer,
dat dezelfde dagteekening draagt als het hierboven vermelde
van Broer Jansz. Ook nu luidt de titel: „Courante uyt Italien ende Duytschlandt, etc. 1639. N°. 26. Ghedruckt tot
Amsterdam, voor Jan van Hilten in de Beurs-straet in de
gheborduyrde Handt-schoen. By Jan Fredericksz Stam, woonende by de Zuyder-Kerck in de Hope; ten Huyse wijlen
Veselaer. Den 25 Junij Anno 1639" [2], Van dit blad, even
als van dat van Broer Jansz., is op de Bibliothèque Mazarine
te Parijs eene verzameling aanwezig loopende van 20 Junij
1637 tot aan het einde van 1643 [3]. Of nu de Fransche courant van Jan van Hilten [4], even als die van Broer Jansz.,
eene woordelijke vertaling was van zijne Hollandsche Courant,
zal eerst bij het terugvinden, zij 't ook slechts van een en-

---

[1] Eug. Hatin, LesGazettes de Hollande, pag. 55, 137, 138.

[2] In de Bibl. van wijlen Mr. C. L. Luzac, t. a. p.

[3] Eug. Hatin, Les Gazette de Hollande, pag 55, 137. Blijkens
den Ned. Spect. van 6 Julij 1867, N°. 27, is de Heer J. C. Altorffer,
te Middelburg in het bezit van N°. 21, van 26 Mei 1640, van dit blad,
en de Heer I. Meulman blijkens zijnen Cat. v. Tractaten, Pamfletten,
enz. deel 1, N°. 271, van een buitengewoon nummer van 10 Maart 1642.

[4] Zie onze Bijdrage deel 4, bl. 30.

kel nummer, kunnen beslist worden. Intusschen bestaat er
van de courant van Jan van Hilten nog een nummer van
1646 ¹, getiteld: „Courante uyt Italien ende Duytschlandt, etc.
1646. Nº. 20. t'Amsterdam Ghedruckt by Jan van Hilten Boeck-
verkooper in de Beurs-straet, in de gheborduerde Handt-schoen.
Den 19 May Anno 1646", en een dito van 23 Mei 1648,
Nº. 21, dat in zooverre opmerkelijk is, omdat uit den titel
valt op te maken dat van Hilten toen zelf eene drukkerij had.
Dat de man in December 1655 dood was, zal straks blijken;
zoo ook dat Otto Barentsz. Smient zijn werk heeft voortgezet.

En welk blad was nu beter, dat van Broer Jansz., den
oud Courantier, of dat van Jan van Hilten? De berigten
van tijdgenooten beslissen ten voordeele van het laatste. P. C.
Hooft las ze beiden in zijn „Toorentjen" ² op het Muiderslot;
die van Broer Jansz. door tusschenkomst van zijnen zwager
Joost Baek, den Amsterdamschen koopman, die van van Hilten of Veselaer door toezending van een' anderen zwager
Guil. Bartelotti ³. Blijkt het eerste schier uit alle brieven door
Hooft aan Baek geschreven maar meer in het bijzonder uit
dien van 25 Augustus 1631 ⁴, het laatste blijkt niet alleen

¹) Aanwezig op de Bibl. der Leidsche Hoogeschool. Het volgende
van 1648 zie: Cat. Bibl. Kon. Acad. Vad. Gesch. E. 1274.

²) Dit beroemde „Toorentjen" noordwaarts met het uitzigt over de
Zuiderzee en oostwaarts met het gezigt op Muiderberg en Naarden is
van de vier slottorens hetgeen men bij het binnentreden der poort regts
voor zich heeft. Gedurende de gedenkwaardige dagen van 19—23 October 1867 is die classieke plek door menigeen betreden.

³) Arnout van Erp, een aanzienlijk uit Antwerpen geweken koopman, had drie dochters, van welke Christina de eerste vrouw van Hooft,
Magdalena de gade van Joost Baek, en Jacoba die van Bartelotti was. —
Baeks buitenverblijf, de schoone hofstede Scheijbeek in de Beverwijk,
tegen Zaturdag 31 Augustus 1867 ten verkoop aangeslagen, werd, misschien wel ten gevolge der krachtige aansporing van de Amsterdamsche
Courant van Vrijdag 9 Augustus 1867, Nº. 187, reeds vóór den 14ᵈᵉⁿ
dier maand uit de hand verkocht en aan de mokerslagen des sloopers
onttrokken.

⁴) P. C. Hoofts Brieven, uitg. v. Vloten, Leiden, E. J. Brill,
1855—57, deel 2, bl. 198.

uit gemelden brief maar bovendien uit dien van 15 September
1630, 31 Mei 1631 en 2 October 1633 [1]. Wanneer toch
Hooft schrijft dat zijn „frère Bartolot" hem „de loopmaren
ujt Italiën" gezonden heeft, wanneer Bartelot aan Hooft in
eenen Franschen brief van „les Gazettes d'Italie" gewaagt,
en Hooft wederom in een schrijven aan Baek spreekt van
„d'Italiaensche loopmaeren", dan is er m. i. van geen andere couranten sprake dan van de Courante uyt Italien enz.
van Jan van Hilten. Dat Hooft, hoe blijkbaar gaarne hij
ze ook las, weinig met couranten op had, bewijst zijn schrijven: „De duitsche looptijdingen moghen hier niet aertten.
T'Amsterdam, al zijn ze doodeeters, hebben' er nochtans gezelschap van haer soort, ende aldaer opgeleid zijnde, wie
weet waer ze noch eens, om 't vervolgh der zaken dat ze
inhouden, moghten te pas komen. By my hebben ze ujtge-
dient, als ze maer eens gemonstert zijn. Want met zulk volk
zoud' jck niet darren eenighen aenslagh bestaen, daer ernst
in vereischt waer" [2]. En dan heet het weer dat „de loopmaeren den mondt zoo zeer tot lieghen gewent hebben" [3];
straks: „de loopmaeren van Italiën hebben daeraf voor dezen
gewaegt, ende herroepen haer woord nu plat ujt [4], terwijl
eindelijk de geschreven tijdingen gesteld worden tegenover de
gedrukte als „wat achtbaerder als loopmaeren"[5]. Intusschen
is het m. i. alweer zoo goed als zeker, dat Hooft sprekende
van „de duitsche looptijdingen" en straks „van de Duitsche
nieuwmaeren" [6] telkens het oog heeft op de Courante uyt
Italien ende Duytschlandt enz., van van Hilten. Van deze
laatste nu spreekt hij in zijn' reeds vermelden brief van 25
Augustus 1631, wanneer hij aan Baek schrijft: „Mijn swae-
gher Bartelot deedt my gister lezen de loopmaeren van Veze-

---

[1]) A. W. deel 2, bl. 81, 171, 341.
[2]) Brief van 10 Mei 1630; dl. 2, bl. 17.
[3]) Brief van 10 Sept. 1630; deel 2, bl. 77.
[4]) Brief van 5 Sept. 1632; deel 2. bl. 280.
[5]) Brief zonder dagteekening; deel 2, bl. 303.
[6]) Brief van 28 Mei 1630; deel 2, bl. 26,

laer, dien zij zeggen zinlijker [1] te zijn als Broer, van UE.
gemeenlijk komende. Doch gedraeghe my tot UE. oordeel,
Altijds vinde in deze yets dat d'ander niet en melt.".

Dat nu het blad van Jan van Hilten beter was dan dat
van Broer Jansz. had eene zeer goede reden. Er woonde namelijk in die dagen te Haarlem een man die zijn werk maakte
van het ontvangen en opzamelen van nieuwsberigten, en van
wien getuigd is dat hij „sodanige pertinente kennisse van
de secrete affaires van den Staet hadde, als yemandt in
het geheele lant" [2]. Maar ook van de voornaamste plaatsen
buiten s'lands kreeg Abraham Casteleyn zijne nouvelles, en ver-
tegenwoordigde daardoor als het ware het Reuters Office en
de Agence Havas der 17e eeuw. Het was met dezen „man
van vooruitgang" dat van Hilten betrekkingen had aange-
knoopt [3], en van wien hij nu en dan een en ander nieuwsberigt ontving, waardoor zijn blad meer beteekenis moest
krijgen dan dat van Broer Jansz.

Maar waren nu Broer Jansz. en Jan van Hilten de eenige
courantiers van het Amsterdam van hunne dagen? Stellig
neen, er waren er nog meer. Niet alleen dat dit blijkt uit
de „Extra ordinaris Courante of seekere schrijven uyt Ceulen,
Den 30 October 1631, Ghedruckt tot Amsterdam. Bij Cornelis Lodewijckse van der Plas, Boeckverkoper woonende bij
de Beurs in de Italiaense bijbel 1631. Den 6 November" [4],
waarvan waarschijnlijk ook eene geheele reeks heeft bestaan,

[1] NETTER, juister. Aanteekeningen van VAN VLOTEN.
[2] Zie Abraham van Wicquefort en zijn proces, bl. 168, dissertatie
van D. EVERWIJN, thans Raad van legatie bij de Nederlandsche ambassade
te Londen.
[3] Zie zijne circulaire van Januarij 1656 bij de oprigting zijner Weeckelijcke Courante van Europa.
[4] Te vinden in de bovenvermelde verzameling der Kon. Bibl. te
's Hage. In de verzameling pamfletten op de Acad. Bibl. te Leyden
trof ik er een aan waarop voorkomt de naam van „Cornelis Lodewijcksz.
van der Plasse, Boeckvercooper, op de hoeck van de Beurs, in den Ita-
liaenschen Bybel, Anno 1624".

maar ook uit de omstandigheid dat in de verzameling van
den Heer I. Meulman voorkomen één blad folio, in twee
kolommen gedrukt, zonder hoofd, maar gemerkt N°. 37.
MDCXXXII, en gedrukt of uitgegeven „By Jacob Thomasz.
Sergeant, woonende by de Oude Kerck int soete naem Jesus
Steechjen. Den 8. September" [1], en „Europische Donderdaeghs
Courant N°. 14. t'Amsterdam Ghedruckt by Mathijs van Mei-
ninga, Courantier, woonende inde Sinte Claes straet inde
Courant, ende worden mede uytgegeven op den Dam inde
twee Hammen, den 7. April 1644", 2 bl. folio in twee ko-
lommen gedrukt [2]. Bovendien worden op de Bibliothèque
Mazarine te Parijs bewaard de „Extra-ordinaire of Middel-
Weeckse Courante. Anno 1639. Ghedruckt tot *Amsterdam* voor
Françoys Lieshout, in-fol." [3], en de „Courante Extraordinaire. t'*Amsterdam*, ghedruckt by Joost Broersz., 1639, in
fol." [4]. Van deze couranten van Françoys Lieshout en Joost
Broersz. is er ook sprake in de belangrijke mededeeling van
Jhr. W. J. C. RAMMELMAN ELSEVIER omtrent eenige posten
uit de Ordonnantie Boeken der stad Leyden, van 1620—1643,
waarin opgaven voorkomen van betalingen wegens geleverde
couranten. De courant van Broersz. komt daarin reeds voor op
het jaar 1628, die van Lieshout eerst op het jaar 1640. Beide
bladen kostten 3 Gld. 's jaars en verschenen alleen 's Woens-
dags [5]. Van het blad van Françoys Lieshout vond ik te midden van het belangrijk rommelzoodje couranten op de Konink-

---

[1]) Cat. van Tractaten, Pamfletten, enz. deel 1, N°. 2213. Verg.
Ter Gouw, Amsterdams namen, (2e druk) I, bl. 45.

[2]) Cat. van Tractaten, Pamfletten, enz. deel 1, N°. 2670.

[3]) Blijkens het nieuwsberigt bij hem 25 April 1630 uitgegeven, zie
Cat. van Tractaten, Pamfletten, enz. deel 1, N°. 2113, woonde Françoys Lieshout „op den Dam, Int Groot-Boeck".

[4]) EUG. HATIN, Les Gazettes de Hollande, pag. 137. Op den Cat.
van Tractaten, Pamfletten, enz. van den Heer Meulman, deel 1, N°.
2329, komt nog een, alhoewel voorbarig, nieuwsberigt van dezen uitgever, van 2 Augustus 1635 voor

[5]) Alg. Konst- en Letterb. van 1 October 1859, N°. 40, bl. 315.

2

lijke Bibliotheek te 's Gravenhage nog: „Ordinarise Middel-
weeckse Courante. N°. 30. 1667. Gedruckt, tot Amsterdam.
Voor de Weduwe van François Lieshout, Boeckverkoopster op
den Dam, in't Groot Boeck, den 26. July, Anno 1667."
2 bl. folio, in twee kolommen. Intusschen heeft dit blad veel
langer bestaan, want „Volgens Ordre van Myne Heeren van
den Geregte der Stad Amsterdam", van 5 September 1758,
„werden alle Gildebroeders en Gildezusters van het Boek-
Drukkers en Boekverkoopers Gild gewaarschouwt, om de zo-
genaamde Ordinary Middenweekse Courant, nogte eenig dier-
gelyk Papier, onder wat Titul het zoude mogen zyn, te
Drukken, te Verkoopen, ofte op eenige andere wyze te di-
vulgeeren" [1].

Hierboven bleek het dat reeds in 1624 de Regering van
Amsterdam toezigt hield op het drukken van couranten, maar
wat nu aanleiding gaf tot de Resolutie van den Oud-Raad
van 27 Januarij 1644: [2] „nopens de Courante is goetgevon-
den te sonderen de inclinatie der Heeren Schepenen ten einde
ordre mag worden gesteld, soo op het drucken als op het
distribueren der selver, in regard van Heeren Magistraten en
Suppoosten", is ons niet gebleken. Opmerkelijk is ook hetgeen men in de Resolutien der 36 Raden der Stad Amsterdam, N°. 19, fol. 69, van 11 December 1645 leest: „De
Heeren Burgemeesteren hebben den Raade voorgedragen van
de Heeren Thesaurieren verstaan te hebben, dat zij gevisiteert
hebbende de rekeningen van eenige leveranciers van papieren,
couranten, nieuwe tijdingen en andersints, bevonden hebben,
dat deselve dit jaar zouden bedragen over de 6000 Gld:
dat HaarEd. dienaangaande oock bij voorvallende gelegent-
heijt, gesprooken hadden met de Heeren Schepenen, en daarom
nu, bij maniere van advis, voorsloegen, wat voet men, tot
voorkoming van dien, int toekomende sal dienen te houden,
op 't welck midtsdien gediscoureert wesende, is goedtgevon-

---

[1] Tweede vervolg der Handvesten van Amsterdam, bl. 179.
[2] Resol. Oud-Raad, Lr. A, fol. 147 verso.

den, dat het leveren van Couranten voor ijder Collegie sal
worden gereguleert bij de Heeren Burgemeesteren, dat alle
blaauwboekjes sullen worden afgeschaft ende afgewesen, en
dat deselve Heeren op de Secretarije ordre sullen stellen
op de papieren en andere noodtsakelijkheden, die daer van
noode zijn". Eene andere Resolutie van 16 Mei 1656, luidende: „Het request van Nicolaes Jacobs, Courantier, nu
wonende tot Weesp, is uitgesteld, also bevonden werden te-
genwoordich vier Courantiers alhier te zijn, die om de veertien dagen, dat is twee teffens, alle weken de couranten met
order drukken" [1], is daarom opmerkelijk, omdat hier gesproken wordt van 4 couranten die om de 14 dagen werden uitgegeven, terwijl de vroeger vermelde bladen kennelijk iedere
week verschenen. Misschien dat deze verandering het gevolg
is geweest der Resolutie van 27 Januarij 1644. Dat tot deze
4 Courantiers Broer Jansz. en Françoys Lieshout behoorden
is wel waarschijnlijk, maar dat Jan van Hilten en Joost
Broersz. of diens weduwe de beide anderen waren, daaraan
valt niet te twijfelen. Immers eerst den 10den December 1655
authoriseerden en committeerden Burgemeesteren van Amsterdam den boekdrukker Otto Barentsz. Smient, „omme, in
plaets van Jan van Hilten en desselfs erfgenamen, te mogen
drukken de Saturdagse Courante om de veertien dagen, mids-
gaders de Franse Courant des Maandags wekelijks, indier-
voege als dezelve bij denzelven Jan van Hilten voor desen
zijn, en bij zijne erfgenamen als nog worden gedrukt. Zullende dese jegenwoordige Commissie aanvang nemen met den
vijftienden dag incluis van de maand Januarij naestcomende" [2];
terwijl Johannes van Ravesteyn pas den 4den Julij 1661 door
Burgemeesteren tot Courantier werd aangenomen in plaats van
de weduwe van Joost Broersz. [3]

[1] Resol. Oud-Raad, Lr. B. fol 90.
[2] Groot-Memoriael, No IV. fol. 84. Verg. onze bijdrage in deel 4,
bl. 30. In den Almanak *Holland*, 1866, bl. 17, 18 en aant. bl. 46,
is Smient door Mr. J. van Lennep naar onze gegevens levendig geteekend.
[3] Groot-Memoriael, N°. V. fol. 46 verso. Verg. onze bijdrage in

Van de courant van Smient kennen wij: „Courante uyt
Italien ende Duytslant, etc. 1658. N°. 52. t'Amstelredam,
Ghedruckt by Otto Barentsz. Smient, gheautoriseerde Courantier deser Stede, oock Boeckdrucker ende Boeckverkooper
op de Reguliers Bredestraet, in de nieuwe Druckery, den
28 December, 1658". In dat nummer kwam de volgende passage voor: „Passagiers den 21 deser uyt Londen gegaen
sijnde, seggen ghesien te hebben dat nadat den overleden
Protecteur uyt-muntender, en kostelijcker begraven was, als
oyt aen eenigh Konincklijck Lighaem ghedaen is, so sijn de
Hoofden van de Militie bij den anderen ghekomen, en be-
raetslaeght watse doen souden om haer achterstallige penningen in te krijgen, hadden goet gevonden het Corpus weder uyt de Tombe te halen, en 'tselve in den Tour te doen
brengen, gelijckse (so sy seggen) gedaen souden hebben; sijn
doe met den anderen bij den nieuwen Protecteur ghegaen,
hem 't selve bekent makende, daerop eyschende haer achter-
stal, waer op haer gheantwoort wierde dat het reght en bil-
lick was dat yder het sijne kreegh, soude oock sijn devoir
doen om 't selve uyt te voeren, maer moeste noch een

---

deel 4, bl. 31. Het moeten ook de couranten van Smient en Broersz.
zijn geweest, die blijkens eene rekening op het Amsterdamsche Archief
L, l. 6. N°. 3, in 1658 en 1659 aan de Gecommitteerden van Amsterdam
te 'sHage werden geleverd. — Wat den naam van Ravesteyn betreft, vestig
ik de aandacht op den Cat. van Tractaten, Pamfletten, enz. deel I, N°.
1241, alwaar reeds op het jaar 1611 een nieuwsberigt voorkomt uitgegeven
te Amsterdam bij Paulus van Ravesteyn. En wat Joost Broersz. betreft
teeken ik aan, dat mij uit de verzameling Pamfletten op de Acad.-Bibl.
te Leyden bleek, dat het Tooneel van Flora (Zie mijne verhandeling
over de Tulpen- en Hyacinten-handel in de Handel. van de Maatsch. der
Nederl. Letterk. 1866, bl. 8) is uitgegeven „by Joost Broersz. Boeck-
drucker in de Graeve-straet, inde Druckerye, Anno 1637"; dat Joost
Broersz. in 1642 en 1643 woonde „inde Pijl steegh, inde Druckerije",
waar zijne weduwe in 1647 woonde „in de Boeck-Druckerye." Wij hebben dus hier waarschijnlijk weêr te docu met een uithangbord, niet
met een gevelsteen. Zoowel met het oog op deze, als met betrekking
tot de geschiedenis dier oude uitgevers, zijn de adressen der pamfletten
hoogst belangrijk.

weynich patienteren, tot datter een niew Parlement beroepen soude worden, al waer men gelt middelen soude beramen: seyde voorder dat Hij hoopte de saken so te dirigeren, dat alles in 't Lant in ruste en vrede soude blijven, meenden oock de meeste Militie af te schaffen, en naer veel dierghelijcke discoursen, souden se seer misnoeght van den anderen gescheyden sijn; maer al so dit een versiende saeck schijnt te wesen, so sullen wij dit met discretie aennemen, en wachten wat dat loofwaerdige Brieven daer van daen komende ons seggen sullen, etc." Over deze passage beklaagde zich de Engelsche Resident te 's Hage, George Downing, bij Johan de Witt, met verzoek dat deze de zaak in handen stellen zou van de Regering van Amsterdam, om reden dat de courantier zich openlijk uitgaf als door haar „specialijk geauthoriseert te wesen, met recommandatie van correctie ende vergoedinge van diergelijken voort toecomende". Dat de Witt weinig gewigt aan de zaak hechtte, mag men afleiden uit de omstandigheid, dat hij niet opzettelijk daarover aan de Heeren van Amsterdam schreef, maar de zaak slechts ter loops behandelde aan den voet van zekeren brief van geheel anderen inhoud [1]. In het daarbij gevoegde exemplaar der courant vindt men de bovenvermelde passage, even als de woorden „gheautoriseerde Courantier deser", aan den voet van het blad, aangehaald.

Of het nu deze klagt is geweest die oorzaak werd, dat de woorden „gheautoriseerde Courantier deser Stede", een half jaar later niet meer in het adres voorkomen, dan wel dat daarvoor eene andere reden heeft bestaan, valt moeijelijk te bewijzen; maar zeker is dat het nummer van 12 Julij 1659 het volgende opschrift heeft: Courante uyt Italien ende Duytslant, etc. 1659. N°. 28. t'Amstelredam, Ghedruckt by Otto Barentsz. Smient, Boeckdrucker ende Boeckverkoper op de Reguliers Bredestraet, in de nieuwe Druckery, den 12. Juli, 1659" [2]. Dit nummer is daarom opmerkelijk, omdat daarin

[1]) Missiven van Raadpensionarissen. L. R. 1. N°. 5 op het Amsterdamsche Archief.

[2]) Cat. van Tractaten, Pamfletten, enz. deel 2, N°. 3728.

aan het slot een naschrift voorkomt aan Anthonie Benedicti, den Utrechtschen uitgever van nieuwstijdingen, waarin hem te kennen wordt gegeven dat men zeer goed wist dat niet hij, maar Mr. GERARD LODEWYCKSZ. DE MAGHT de schrijver van zekeren door hem Benedicti uitgegeven Mercurius was, en waarin de redacteur van de Courante uyt Italien ende Duytslant beleedigd was geworden. Die redacteur nu, van wiens hand blijkbaar het naschrift is, zegt dan verder: „ick vertrou dat de *Ed. Achtbare Magistraet* van *Wtreght* het een-mael sal verdrieten, dat men eerlijcke Luyden affronteert, en mijn die meede een Ingeseten van *Hare Ed. Provintie* in 't Stight *Wtrecht* ben". Maar wie was nu die Utrechtenaar die voor Smient de nieuwsberigten opzamelde? [1] Mij is zulks niet bekend.

Smient derhalve had den titel van het blad zijns voorgangers van HILTEN overgenomen en behouden. Zoo was het in 1667 ook nog. Althans het nummer van 18 Junij van dat jaar heeft tot opschrift: [2] „Courante uyt *Italien* en *Duyts-lant*, 1667. N^r. 25. t' Amsterdam, gedruckt by Otto Barentsz. Smient, Boeck-drucker en Boeckverkoper op de Reguliers Breestraet, in de nieuwe Druckery, den 18 Juny 1667."; 2 bl. folio, in 2 kolommen, en tevens het eerste mij bekende nummer dat links bovenaan een uiterst klein Amsterdamsch wapen tusschen twee klimmende leeuwen heeft. Nog zijn de berigten bij afwisseling met Romeinsche en Gothische letters gedrukt. In 1672 evenwel was het anders.

---

[1]) Over Gerard Lodewijk de Macht, zie men Mr. L. Ph. C. van den Bergh, 's Gravenh. Bijzonderheden, I, bl. 53. Ook J. L. B. de Muralt, Gesch. Overzigt betreffende de Utrechtsche Couranten, in den Utr. Volks-Alm. van 1858. Het vonnis 5 April 1658 tegen hem in den Haag uitgesproken is in het gemelde naschrift afgedrukt.

[2]) Zoowel dit nummer als No. 29 vindt men in het meer vermelde belangrijke rommelzoodje couranten op de Kon. Bibl. te 's Hage. No. 27 is intusschen ook bewaard gebleven blijkens Navorscher, deel 6, bl. 297. Maar wie is nu Joost Otto Smient, die blijkens Cat. van Tractaten, Pamfletten, enz deel 2, N°. 4287, den 23 Juni 1666 eene Engelse getranslateerde Courant, en andere Post-Tydingen uitgaf?

Dit onder anderen blijkt uit de fraaije verzameling Amsterdamsche Couranten toebehoorende aan den Heer G. J. Dijk
te Amsterdam; die verzameling, een vrij lijvig folio boekdeel
uitmakende, bevat fragmenten der Amsterdamsche Couranten
van de jaren 1672 tot 1677 door vier verschillende boekverkoopers uitgegeven, namelijk Casparus Commelin, Otto
Barentsz. Smient, Johannes van Ravesteyn en Mattheus Coesaert. [1] Lang heeft het geduurd eer het mij gelukken mogt
de sleutel te vinden op deze door de namen der vier uitgevers zoo bonte rij van nieuwsbladen; want ofschoon ieder
nummer ordelijk op zijn datum is gebragt, blijkt het toch,
zelfs bij eene oppervlakkige beschouwing, dat dit geenszins
de juiste volgorde is. Eerst de kennismaking met eenige
stukken, zoo ik mij niet bedrieg afkomstig van het Haarlemsche gemeente-archief, en thans opgenomen in het Rijks-
archief, heeft mijne veronderstelling bevestigd, dat men hier
te doen heeft met drie geheel op zich zelf staande couranten,
namelijk eene Dingsdagsche, Donderdagsche en Zaturdagsche,
waarvan de eerste met doorloopend nummer beurtelings de
eene week door van Ravesteyn, de andere week door Coesaert werd bezorgd, eene Zaturdagsche die desgelijks door
Commelin en Smient werd uitgegeven, en eene Donderdagsche door gemelde vier uitgevers telkens om de vier weken
bezorgd. [2] Dat dit eene schikking was door de Amsterdamsche
regering vastgesteld daaraan valt niet te twijfelen, vooral
wanneer men let op de straks medegedeelde Resolutie van
16 Mei 1656; maar wanneer ze in werking is getreden
blijkt niet. Ook zou ik gaarne willen weten wanneer de

[1] Van dezelfde vier uitgevers berusten ook een aantal exemplaren
van de jaren 1672, 1673 en 1674 bij Joh Enschedé en Zoonen te
Haarlem. Zie Bedenkingen enz. onder de Brochures over de Haarl.
Courant, 1848—1851, bl. 62. De mededeeling in den Navorscher,
deel 2, bl. 61, dat er in 1677 bij vier onderscheidene boekhandelaren
te Amsterdam couranten werden uitgegeven, blijkt dus juist te zijn.

[2] Tot opheldering geef ik hier de aanteekening uit de stukken op
het Rijks-archief, die mijne veronderstelling heeft bevestigd. Want in
de maand September 1675 werd er te Amsterdam gedrukt:

Courante uyt Italien ende Duytslant in Amsterdamse Courant
is herdoopt. Dit tijdstip wijst, naar het mij voorkomt, op
eene belangrijke verandering in de geschiedenis dezer bladen.

Het eerste nummer nu dat in deze verzameling voorkomt
is eene Zaturdagsche courant van Commelin, dien wij tot
hiertoe nog niet als uitgever van een nieuwsblad ontmoet-
ten, en heeft tot opschrift: „Amsterdamsche Saturdaegse
Courant. N°. 11. t' Amsterdam, Gedruckt by Casparus Com-
melijn, Boekverkoper op de Voorburghwal, achter 't Stadt-
huys, in de Waerheyt. Den 12. Maert. Anno 1672". Het
is een half vel klein folio, aan beide zijden in twee kolommen
gedrukt, met het Amsterdamsche wapen. Van die Saturdaegse, Saterdaeghse of Saturdaeghse Courant, gelijk ze
afwisselend genoemd wordt, komen er hier voor 7 nummers
van 1672, 6 van 1673, 26 van 1674 — d. i. compleet,
want de andere 26 werden door Smient bezorgd —, en 1
van 1677.

De eerste Donderdaeghse of Donderdaegse Courant door
Commelin bezorgd is hier N°. 51 van 21 December 1673,
terwijl er dan verder 13 nummers van 1674 — d. i. compleet, want de overige 39 werden door de drie anderen
bezorgd — en 1 van 1677 die door hem uitgegeven zijn,
voorkomen. Dat beide bladen op zich zelf stonden en dus
een afzonderlijk nummer hadden, blijkt ten overvloede uit

8 September, door van Ravesteyn de Dingsdagsche	Courant.	(B.v. No. 36).
5	„	„ Smient	„ Donderdagsche	„	(„	„ 36).
7	„	„ Commelin	„ Zaturdagsche	„	(„	„ 36).
10	„	„ Coesaert	„ Dingsdagsche	„	(„	„ 37).
12	„	„ van Ravesteyn	„ Donderdagsche	„	(„	„ 37).
14	„	„ Smient	„ Zaturdagsche	„	(„	„ 37).
17	„	„ van Ravesteyn	„ Dingsdagsche	„	(„	„ 38).
19	„	„ Commelin	„ Donderdagsche	„	(„	„ 38).
21	„	„ Commelin	„ Zaturdagsche	„	(„	„ 38).
24	„	„ Coesaert	„ Dingsdagsche	„	(„	„ 39).
26	„	„ Coesaert	„ Donderdagsche	„	(„	„ 39).
28	„	„ Smient	„ Zaturdagsche	„	(„	„ 39).

D. i. derhalve elk drie malen in één maand

de omstandigheid, dat er van beide bladen van 1674 zes
malen met gelijke nummers voorkomen. Mag al de spelling
in het hoofd en het adres zoowel van deze als van andere
oude couranten vele onregelmatigheden opleveren, eigenlijke
verandering ondergaat het opschrift der Commelinsche bladen
in deze verzameling niet voor in de Donderdaeghse Courant
van 7 Januarij 1677, ofschoon bij gemis aan nummers van
de jaren 1675 en 1676 niet bepaald kan worden of deze
verandering niet reeds vroeger plaats greep. In gemeld nummer nu komt het adres van Commelin voor als „Boeck-
verkooper op de Voorburgwal, op de hoeck van de Huys-
sitten-steeg, achter 't Stadhuys, in de Tooren van Dor-
drecht," waaruit blijkt dat de man wel verhuisd maar
toch in de onmiddelijke nabijheid zijner oude woning gehle-
ven was. Belangrijk zou het zijn te weten wanneer Commelin voor het eerst als uitgever van Amsterdamsche couranten is opgetreden; ik waag hier de gissing of hij ook
welligt tusschen 1667 en 1672 de zaak van de Wed. van Broer
Jansz. den oud Courantier heeft overgenomen. Vreemd intusschen blijft het, dat noch in de eerste uitgave van Comme-
lins Amsterdam, dat in klein folio in 't jaar 1694 te
Amsterdam bij de Wed. Aart Dicksz. Oossaan, bij wie
omstreeks dien tijd de Nederduitsche Amsterdamsche Courant
van Commelin verkrijgbaar was, het licht zag, noch in de
tweede uitgave van 1726 in twee deelen groot folio bij
vier andere uitgevers verschenen, sprake is van couranten
door Commelin uitgegeven. [1] De tijdgenoot beschouwde die
couranten zeker van weinig belang, en vermoedde niet dat
het nageslacht er anders over denken zou.

De eerste Courant van Smient, den mede-uitgever der
Zaturdagsche Courant, die in deze verzameling voorkomt
heeft tot opschrift: „Amsterdamse Saturdaghse Courant. 1672.
N[r]. 16. 't [2] Amsterdam, gedruckt by Otto Barentsz Smient,

[1]) Zie reeds onze bijdrage in deel IV, blz. 41.
[2]) De komma of apostroof vóór de t ('t) komt eerst in 1673 daar

Boeck-drucker en Boeck-verkooper, op de Reguliers Breestraet, in de nieuwe Druckery, den 16 April, 1672" [1].
Het is een half vel klein folio aan beide zijden in twee
kolommen gedrukt, met een zeer klein Amsterdamsch wapen
links bovenaan, dat eerst met het nummer van 8 July
1673, althans in deze verzameling, in het midden voorkomt, en den titel in twee gelijke deelen scheidt. Woonde
Smient alzoo nog op dezelfde plaats als in 1658 en 1667,
de naam zijner courant is sedert veranderd. Van die Saturdaghse of Saturdagse Courant, gelijk ze ook wel eens genoemd
wordt, komen er hier voor 4 nummers van 1672, 3 van
1673 [2], 25 van 1674 en 1 van 1677. De eerste Donderdaeghse of Donderdaghsche Courant door Smient bezorgd,
waarvan het hoofd steeds met cursieve letters is gedrukt,
is hier het blad van 28 December 1673, dat evenwel geen
nummer draagt [3], terwijl er dan verder nog 13 nummers
van 1674 van dit blad, — waarschijulijk compleet — allen
genummerd, voorkomen. Ook van deze couranten geldt de
opmerking, dat er vele onregelmatigheden in de inrigting en
spelling van het hoofd en het adres voorkomen; intusschen
blijkt van geene merkbare verandering voor het nummer van
1677; dan ziet men dat Smient verhuisd is naar „voor aen
op de binnen Aemstel, by de Reguliers Tooren" hetgeen in
de onmiddelijke nabijheid zijner vroegere woning was. Misschien had hij deze reeds in 1675 of 1676 verlaten.

Het opschrift van de eerste courant door van Ravesteyn
uitgegeven, die in deze verzameling voorkomt, luidt: „Ordi-

---

achter (t'). Ziedaar ééne van die vele onregelmatigheden, waarop men
bij oude couranten tot vervelens toe stuit.

[1]) In het meer vermelde rommelzoodje couranten der Kon. Bibl.
vond ik van dit blad N°. 6, van Zaturdag 6 Februarij 1672, waarop
het wapen zich misschien nog iets kleiner voordoet.

[2]) Een van die drie is N°. 47, van 25 November 1673, door den
Heer Altorffer in den Nederl. Spectator van 6 Julij 1867, N°. 27,
mede vermeld.

[3]) Aan welke oorzaak dit moet toegeschreven worden waag ik niet
te beslissen.

naris Amsterdamse Dingsdaeghse Courant. N°. 32. t'Amstelredam, Gedruckt by Johannes van Ravesteyn, Boeckverkooper
en Ordinaris Drucker deser Stede, op 't Water, in 't Schrijf-
boeck, den 9 Augusti, 1672" [1]. Het is al weer een half
vel klein folio, aan beide zijden in twee kolommen gedrukt,
met het Amsterdamsche wapen. Van die Ordinaris Amsterdamse Dingsdaeghse Courant, die verder altijd Dingsdaegsche
heet, totdat men op het eenige nummer van 1677 den naam
van Amsterdamsche Dingsdaegse Courant vindt, komen er
hier voor 1 nummer van 1672, 4 van 1673, 26 van 1674
— derhalve compleet, want de andere 26 bezorgde Coesaert —, en 1 van 1677. De eerste Donderdaegsche Courant vindt men hier in het nummer van 4 Januarij 1674,
onder den titel: Amsterdamse Donderdaegse Courant", van
welk blad er 13 nummers — derhalve compleet — van
1674, en 1 van 1675, het eenigste van dat jaar in de
geheele verzameling, voorkomen. Dat er geen verband be-
stond tusschen de Dingsdagsche en Donderdagsche Courant
bewijst m. i. ten overvloede het verschil van titel. In dien
titel worden op het vermelde nummer van 1675 de woorden
„Ordinaris Drucker deser Stede" gemist; moet dit als eene
onregelmatigheid worden aangemerkt, of kan daaruit worden
afgeleid dat de man zijne drukkerij had opgeruimd? Voor het
laatste pleit het opschrift van het eenige nummer van 1677,
waarin die woorden evenmin voorkomen, en waaruit tevens
blijkt dat van Ravesteyn tusschen 6 November 1675 en 5 Januarij 1677 verhuisd was naar „de Cingel, by de Korsjes-brugh,
in 't Schrijf-boeck". Zijn uithangbord had hij mede overgebragt.

De eerste courant van Coesaert die in de verzameling
voorkomt heeft tot opschrift: „Amsteldamsche Dingsdaeghsche
Courante, N°. 33. 1672. Gedruckt tot Amsterdam, by Mattheus

---

[1] Uit de verzameling pamfletten op de Acad. Bibl. te Leyden bleek
mij dat in 1606 zekere Cornelis Claesz. en in 1615 zekere Hendrick
Laurensz. op 't Water in 't Schrijf-boeck woonden. Of dat nu een
uithangbord of wel een gevelsteen was laat ik in 't midden. Het eerste
is 't waarschijnlijkst; zie verder.

Coesaert, op de Nieuwezijdts Voorburghwal, by de Deventer
Houtmarkt [1], in de Reyger. Den 16 Augusti 1672". Ook
dit is een half vel klein folio, aan beide zijden in twee
kolommen gedrukt, met een zeer klein Amsterdamsch wapen.
Reeds aanstouds moet evenwel worden opgemerkt dat in het
volgende ons bekende nummer, van 7 November 1673, het
woord Amsteldamsche in Amsterdamsche, en de naam Coesaert
in Cousart is veranderd, terwijl ook het wapen reeds grooter
is. Van die Dingsdaeghsche, Dinghsdaeghse, Dingsdaeghse,
Dinghsdaegse, of Dingsdaegse Courant, gelijk ze door elkander genoemd wordt, vindt men in deze verzameling slechts
1 nummer van 1672, 2 van 1673, 26 van 1674 — derhalve compleet —, en 1 van 1677. De eerste Donderdaeghse of Donderdaegse Courant vindt men in het nummer
van 14 December 1673, van welk blad er behalve dit eene
nummer van 1673 nog 13 — dus compleet — van 1674
voorkomen. Dat beide bladen op zich zelf stonden en als
zoodanig een afzonderlijk nummer hadden, blijkt hier wederom
ten overvloede uit de omstandigheid, dat er van beide
couranten van 1674 zes malen bladen met gelijke nummers
voorkomen. Intusschen wanneer Cousart voor 't eerst als
courantier is opgetreden, blijft voor 't oogenblik nog onbekend.

Alvorens af te stappen van de verzameling van den Heer
Dijk, die in belangrijkheid stellig niet onderdoet voor de
boven vermelde der Koninklijke Bibliotheek, al is deze ook
ouder, roep ik nog de aandacht in voor de kortelijk vermelde stukken op het Rijks-Archief. Deze toch schijnen
hun ontstaan te danken aan de omstandigheid, dat tengevolge
van den in 1674 ingevoerden impost op de couranten [2],
Abraham Casteleijn te Haarlem zich beklaagd heeft, dat hij
voor de door hem uitgegeven bladen te veel betaalde. Een

[1] Later tot voor weinige jaren, was dit de Bloemmarkt, tusschen
de Rosmarijn- en Wijde-stegen. Verg. Wagenaar, Amsterdam, 4de deel,
1ste Boek, § 1 (deel II, bl 427 en 428)
[2] Mr. P. H. Engels, de gesch. der Belast. in Nederland, Rott.
1848, bl. 141. Groot- Pl. Boek, deel III, bl. 847.

onderzoek daarop te Amsterdam ingesteld deed toen zien
dat Commelin, Smient, van Ravesteyn en Coesaert voor den
tijd verloopen tusschen 15 December 1674 en 31 Maart
1675 in deze belasting aangeschreven stonden ieder voor
204 Gld., en gedurende de maand September 1675 voor
18 Gld. 18 stuiv., welke laatste opgave geheel in overeenstemming is met de verklaring van den te Amsterdam
gewezen impostmeester van de gedrukte papieren, F. van
Eems, van 19 Mei 1676, dat hij van de courantiers voor
iedere reis dat elk van hen drukte nooit meer dan 2 zil-
veren ducatons ontvangen had. Wanneer men in het oog
houdt dat deze impost 4 penningen van iedere courant
bedroeg, dan valt er eenigzins over het debiet der couranten in die dagen te oordeelen, ofschoon het verband
tusschen de opgave van 204 Gld. en die van 18 Gld.
18 st. niet helder is.

Op de vraag verder, wat er van deze 4 courantiers is
geworden, kan het antwoord slechts zeer onvoldoende gegeven worden. De Dagelijkse Notulen van Burgemeesteren
toch, die op het Amsterdamsch Archief met het jaar 1665
beginnen, ontbreken voor zooverre den tijd betreft van December 1677 tot en met Januarij 1685, en juist de handelingen
der Burgemeesteren uit die jaren zouden waarschijnlijk licht
verspreiden. Nu bestaat er wel in het Groot Boek, Lr. A.
fol. 38 eene aanteekening, die aan dit gemis eenigermate
te gemoet komt, maar toch beteekent zulks weinig. Omtrent
Coesaert vindt men daar opgeteekend: „Mattheus Cousart,
1682 $\frac{11}{6}$ Acte verleent. Obiit". Dat Cousart den 6^{den} November 1682 eene akte van aanstelling kreeg, gelijk hier vermeld wordt, is onbegrijpelijk met het oog op zijne hier
boven beschreven couranten; is het vermoeden niet gegrond
dat deze datum zijn sterfdag is? — Omtrent van Ravesteyn
vindt men niets, en omtrent Smient aangeteekend dat deze
de zaak „quiteerde"; in welk jaar wordt niet vermeld, maar
daarop volgt de aanstelling van zekeren Adriaen van Gaesbeeck, 3 October 1682.

Van een gedeelte der couranten van Adriaen Gaesbeeck
bezit de Heer I. Meulman te Amsterdam eene goed gecon-
serveerde, ofschoon niet geheel volledige, verzameling. [1]
Het eerste nummer daarin heeft tot opschrift: „Amsterdamsche Donderdagshe Courant. By Adriaen van Gaesbeeck,
Ordinaris Courantier der Stadt Amsterdam op de Voorburgwal by de Nieuwe Kerk. Den 14 September 1684. N°. 37";
terwijl het laatste nummer is de Amsterdamsche Dingsdaegse
Courant van 12 Februarij 1686, N°. 7 [2]. Dit blad kwam
uit in klein 4°., zijnde 4 bl. in twee kolommen gedrukt,
met het Amsterdamsche wapen. Driemaal 's weeks, Dingsdags, Donderdags en Zaturdags, gaf van Gaesbeeck zijne couranten uit, die blijkens de afzonderlijke nummering elk op
zich zelf stonden. Deze bijzonderheid, die reeds bleek uit
de boven vermelde couranten van Commelin, Smient, van
Ravesteyn en Cousart, verspreidt het duidelijkste licht over
de anders vrij zonderlinge benaming van Dingsdagsche,
Donderdagsche en Zaturdagsche Courant, die wat Amsterdam
betreft nog tot Augustus 1776 heeft stand gehouden, ofschoon
reeds meer dan de geheele 18de eeuw door, eene doorloopende nummering der couranten was ingevoerd, terwijl wat
de Haarlemsche Courant betreft die zonderlinge benaming
nog heden ten dage is bewaard gebleven, alhoewel de aanleiding daarvoor sinds lang ontbreekt, aangezien ze tusschen
1770 en 1781 moet zijn vervallen. — Deze couranten intusschen geven verder nog aanleiding tot de volgende opmerkingen. Het woord (Dings-, Donder-, Satur-)*daghse* Courant
verandert eerst in *daeyse* met de Amsterdamsche Donderdaegse
Courant van 29 November 1685, N°. 48, terwijl het woord
Amsterdam*sche* in Amsterdam*sse* overgaat met de Amster-

---

[1] Reeds door ons vermeld in deel IV, blz. 217, aant. 2, en Ned.
Spect. van 15 Junij 1867, N°. 24.

[2] In het meer vermelde rommelzoodje couranten op de Kon. Bibl.
zag ik van dit blad de Saturdagshe Courant, N°. 40, van 2 October 1683.

damsse Donderdaegse Courant van 3 January 1686, N°. 1.
Verder verandert het wapen met de Amsterdamsse Dings-
daegshe Courant van 8 Januarij 1686, N°. 2, ofschoon dit
reeds bij het vorig nummer kan hebben plaats gegrepen,
dat echter in de verzameling ontbreekt, even als de beide
volgende. Dat in het daarop volgende nummer het adres
met kleiner letter wordt gedrukt is van minder belang; maar
van meer belang is, dat de signatuur [1], die in deze verzameling over alle nummers doorloopt, maar ieder jaar ver-
nieuwd werd, met 1686 ophield. Eindelijk, dat op de
Dingsdaghse Courant van 11 September 1685 in de plaats
van N°. 37, N°. 36 voorkomt, is eene vergissing waarop
men bij oude couranten wel meer stuit [2]. Intusschen hadden
in 1684 juist niet alle nummers van dezelfde week een
gelijk cijfer; dat jaar was begonnen met eene Zaturdagsche
Courant, zoodat bij iedere Zaturdagsche en niet bij iedere
Dingsdagsche Courant in dat jaar een nieuw nummer begint.

Hoeveel courantiers er omstreeks het jaar 1682 te Amsterdam waren kan ik niet bepalen, stellig waren er twee namelijk van Gaesbeeck en Commelin, dien wij een oogenblik
uit het oog hebben verloren om zoo aanstonds uitvoerig op
hem terug te komen. Het schijnt intusschen dat de Amsterdamsche regering was gaan begrijpen, dat het beter ware
om in 't vervolg maar aan één Courantier voor de Nederduitsche Couranten vergunning te verleenen, althans toen
van Gaesbeeck 8 Februarij 1686 overleed, en Burgemeesteren
van zijn overlijden onderrigt waren, namen deze het besluit
om dit Courantierschap in overleg met de Oud-Burgemees-
teren te mortificeren [3]. Zulks vond dan ook plaats den

---

[1] Naar het schijnt is dit merkteeken vroeger door mij ten onregte
custos genoemd. Verg. Ned. Spect. van 6 Julij 1867, N°. 27.

[2] Het Leidsche Dagblad van Zaturdag 24 Maart 1868 maakte het
nog erger, door het onveranderd overnemen van het hoofd van den
vorigen dag.

[3] Dagelijkse Notulen van 8 Februarij 1686. Verg. mijn artikel
Leidsche Couranten in den Ned. Spect. van 15 Junij 1867, N°. 24.

21ˢᵗᵉⁿ Maart 1686, toen in den Oud-Raad goedgevonden werd „het Courantierschap, door 't overlijden van Adriaen van Gaesbeeck vacant geworden zijnde, te mortificeren, ende dat Casparis Commelin alleen de couranten zal drukken, met exclusie van alle anderen" [1].

Nu is de Heer I. Meulman in het bezit van eene wel doorloopende alhoewel niet volledige verzameling couranten van Commelin, loopende van 1686—1695, en die zich merkwaardig aansluit aan de straks te vermelden verzamelingen der Stads-drukkerij en van het Archief te Amsterdam. Het eerste nummer daarin heeft tot opschrift: „Amsterdam-sche Saturdaeghse Courant. Tot Amsterdam, by C. Commelin, en werden verkogt in de Boekwinkel van Aert Dirksz. Oossaen, op den Dam, op de hoeck van de Beurs-steeg. Den 5 January 1686". 2 bl. folio, in twee kolommen gedrukt, met een klein Amsterdamsch wapen. Wanneer men zich herinnert dat Commelin, blijkens de verzameling van den Heer Dijk en de aanteekening van het Rijks-archief, tusschen 1672 en 1677 geen Dingsdagsche Courant uitgaf, dan trekt het de aandacht dat in de verzameling van den Heer Meulman zoodanige courant bij het begin van 1686 voor-komt; want al vindt men er ook slechts het eerste voor-beeld van in het nummer van 19 Februarij, hetgeen aan-leiding zou kunnen geven tot het denkbeeld dat de dood van van Gaesbeeck hierop invloed heeft gehad, zoo staat het bij mij toch vast dat hier aan niets anders kan gedacht worden dan aan het toevallig ontbreken dier nummers, te meer daar zulks ook het geval is met enkele nummers van de Donderdagsche Courant, zoodat Commelin waarschijnlijk reeds veel vroeger ook eene Dingsdagsche Courant is gaan uitgeven. De afzonderlijke nummering der couranten hield intusschen stand tot op het begin van 1689, toen alle nummering verviel, om eerst bij den aanvang van 1691 voor eene doorloopende nummering plaats te maken. Wan-

---

[1] Resol. Oud-Raad, Lr. B. fol. 255.

neer wij nu de verzameling van den Heer Meulman door-
loopen tot op het tijdstip waar zij zich aan het exemplaar
der Stads-drukkerij aansluit, dan leeren wij nog het volgende.
Het woord Amsterdam*sche* verandert in Amsterdam*se* bij de
Saturdaeghse Courant, N°. 2, van 12 Januarij 1686; de
afwisselende spelling van Dingsdaeghse of Dinghsdaeghse en
Saturdaeghse of Saterdaeghse Courant komt ook nu voor,
ofschoon aan de eerste spelling toch hoe langer hoe meer
de voorkeur wordt gegeven, terwijl ook het daeghse, daghse
en daegse op het laatst van 1687 voor goed de laatste
vorm aanneemt. Belangrijker is de verandering die het adres,
na eenige onbeduidende wijzigingen in de spelling, 8 Mei
1687 onderging, en met eene kleine omzetting in het
nummer van 31 Mei aldus luidt: „t'Amsterdam, by Casparus
Commelin, in de Harte-straet, daer 't Vergulde Block in
de gevel staet, en werden verkoft op den Dam, by A.
D. Oossaen." Tegelijk kreeg het hoofd en de courant eene
andere letter, ofschoon men reeds na vijf nummers genoodzaakt was, voor zooverre de courant betrof, die grootere
letter te laten varen. Bijna drie jaren woonde Commelin
in de Hartestraat, want eerst op de courant van 1 April
1690 staat de woonplaats van Commelin opgegeven als te
zijn: „op de West-zyde van de Heere-graft, by de Wolver-
straat." Gedurende de jaren 1687 en 1688 vindt men het
jaartal voor 't eerst links boven aan de courant, maar
toen in 1689 de nummering verviel, werd het jaartal regts
en het woord: anno, links geplaatst; bij het herstel der
nummering in 1691 kwam evenwel het nummer wederom
regts en de aanwijzing: A°. 1691 links. Ten opzigte van
het wapen teekenen wij aan dat er met de courant van 24
Januarij 1690 een ander ingevoerd was waar de druipstaartende [1] schildhouders bij voorkomen. Wat de afzonderlijke
nummering betreft, ook daarmede heeft men somtijds vrij

---

[1] Zie over deze benaming, waarvoor ik er kortheidshalve geen betere
weet, hier beneden.

3

zonderling omgesprongen. Zoo vindt men b. v. op de Dinghsdaeghse Courant van 31 December 1686 als nummer het
cijfer 52, ofschoon reeds het vorige Dingsdagsche nummer
hetzelfde merk had; blijkbaar werd zulks gedaan om geen
53ste week in 't leven te roepen. Een dergelijk vreemd ver-
schijnsel vindt men bij het begin van 1688; de vijf eerste
couranten dragen alleen het cijfer 1, waarschijnlijk omdat
de eerste courant eene Donderdaegse en de tweede eene
Saturdaegse geweest zijnde, men niet eene geheele week met
dat merk had; zonderling voorwaar, omdat men in 1687,
bij geheel denzelfden toestand, regelmatig had doorgewerkt.
Dat op de Donderdaegse Courant van 18 December 1687
in plaats van N°. 51, N°. 50 is gesteld, is alweer een bewijs
dat men niet altijd zorgvuldig toezag.   Intusschen heb ik in
deze verzameling het zoogenaamde bijvoegsel niet aangetroffen,
dat onder den titel „'t Vervolg van" in 1688 en 1690 [1] in
den vorm van een half vel folio, slechts aan ééne zijde
gedrukt en met het Amsterdamsche wapen voorzien, van tijd
tot tijd door Commelin schijnt uitgegeven, al was ook de
courant zelf niet grooter dan een half vel.

Het verdient m. i. de aandacht, dat bij de groote vernie-
tiging waaraan couranten, als uitmuntend pak- en scheurpa-
pier, steeds blootstaan, de stad Amsterdam op twee verschillende plaatsen exemplaren van hare zoogenaamde Stads-Courant
bewaart en bijhoudt, die elk eenen betrekkelijk aardigen
leeftijd dragen. Want vangt het exemplaar ter Stads-drukkerij
aan met N°. 126, van 20 October 1691, dat op het Archief
begint met N°. 69, van 9 Junij 1693.   Van eerstgenoemd
nummer luidt het volledig opschrift: „A°. 1691. N°. 126.
Amsterdamse Saturdaegse Courant. t'Amsterdam, by Casparus
Commelin, op de West-zyde van de Heere-graft, by de Wol-
ve-straat, en worden verkoft op den Dam, by A. D. Oossaan.

---

1) Zie Cat. van Tractaten, Pamfletten, enz. deel 2, N°. 6304. De
Ned. Spectator van 6 Julij 1867, N°. 27, blz. 214. Cat. Bibl. Kon.
Acad. Vad. Gesch. E. 3206. 3213. 3222. 3232. 3240. 3241.

Den 20 October 1691". Steeds blijft de vorm 2 blz. folio,
in twee kolommen gedrukt, met het stedelijk wapen. Met
N°. 17, van Donderdag 7 February 1692 vindt men deze
wijziging in het opschrift: „en worden uytgegeven op den
Dam, tot A. D. Oossaan". Belangrijker is evenwel de verandering met N°. 51, van Zaturdag 26 April 1692, waarin
men leest: „en worden uytgegeven op de Beurs-sluys, tot
Joh: Broers" — verder steeds: Johannes Broers. Maar dit
is slechts tijdelijk geweest, want ruim een jaar later werd
de courant weder uitgegeven bij de Wed. Oossaan. Binnen
dien tijd evenwel was Casparus Commelin overleden; en
toen nu Burgemeesteren den 15den Mei 1693 kennis kregen
van zijn' dood[1], begrepen zij, voor en aleer er een andere
courantier werd aangesteld, eerst te moeten vaststellen eene

INSTRUCTIE VOOR DE STADS COURANTIER, WAAR NAER HY ZIG IN 'T TOECOMENDE PRECISELYK ZAL HEBBEN TE REGULEREN.

1. Dat hy sig sorgvuldelijk zal hebben te wachten,
immermeer in de Courant te laten influeren eenige advisen[2],
concernerende den Staet ofte de constitutie van desselfs macht
te Water ende te Lande, ofte eenige desseynen van dien,
waar door aen den vyand off andere qualijk geintentioneerde
kennisse zoude kunnen werden gegeven tot hunnen voordeel,
en ten nadeele van het Gemeen.
2. Dat hy niet en zal vermogen te melden wat Schepen
van particulieren in gereetschap leggen om uit deze Landen
te vertrecken, off van elders herwaerts te Retourneren, nogte
van de Convoijen van dien, namentlijk van alzulke, waer
van den Vyand sig tot nadeel van de onderdanen van den
Staet zoude konnen bedienen.
3. Dat hy in de Courant niet en zal insereren eenige

---

1) Verg. onze bijdrage deel 4, blz. 48.
2) Advisen, in den zin van nieuwsberigten.

Chocquante en spottelijke passagien, betreffende de Paus, Cardinalen en verdere Geestelijkheid.

4. Ook niet eenige perioden van aenstoot voor gekroonde
Hoofden, Princen, en andere Potentaten.

5. Ende generalijk geene de minste soorten van Pasquillen, van wat natuur die zouden mogen zijn.

6. Dat hy ook wel sorge sal hebben te dragen, dat in
de Courant niet gevonden werden eenige advisen, aengaende
de hooge Geallieerden, die by dezelve qualijk opgenomen
zouden konnen werden.

7. Dat hy door de Courant niet en zal divulgeren eenige
domestique affaires off Resolutien van den Staet, die hoewel
hier te Lande niet 't eenemael Secreet zijnde, echter door
een Publicque Gazette niet wereldkundig behooren te werden
gemaekt.

8. Eyndelijk, dat hy in alles, soo veel mogelijk zal betrachten, dat in de Courant geene Offensie aen ymand werde
gegeven, ende specialyk niet aen eenige hooge Personagien
met dezen Staet geallieert en Vrundschap zijnde.

9. Ende dat hy sijn devoir zal doen, om 't allen tijden
goede en oprechte advisen te becomen, en geen abusive
tydingen te divulgeren [1].

Deze Instructie van 29 Mei 1693 werd acht dagen later
gevolgd door nevensgaand besluit [2]: „Op den 5 Junij 1693,
hebben de Heeren Burgemeesteren met seclusie van alle
anderen aangestelt tot het drukken en distribueren van de
Couranten en Nouvelles binnen deze stad den Advocaat Willem Arnold en Jacomijntje van Duijveland, weduwe van
wijlen Aart Dirksz Oossaan; op conditie, dat alle de lasten,
zo van correspondentien, papier, drukloon, etc. alsmede alle
de profijten op en van dezelve Couranten en Nouvelles vallende zullen komen voor hen half en half in 't gemeen: des
zal den voorn. Arnold bezorgen de behoorlijke Nouvelles,

---

[1] Groot Memoriaal N°. 8. fol. 44. Handvesten van Amsterdam,
stuk 2, blz. 948.

[2] Dagelijksche Notulen van Burgemeesteren.

dezelve vertaalen, en de uit te geevene Couranten en Nouvelles daarvan formeeren. Waartegens de voorzeide Weduwe
tot haaren laste zal nemen het debit en distributie derzelve
Couranten en Nouvelles, daar en zo zulx zal behooren".
Deze nieuwe regeling trad weinige dagen later in werking,
en het is hiermede dat het exemplaar op het Archief een
aanvang neemt als: „Amsterdamse Dingsdaagse Courant.
Tot Amsterdam by Willem Arnold en de Wed: Oossaan, op
de hoek van de Beurs-straat aan den Dam, daar deselve
ook verkogt worden, den 9 Juny 1693, N°. 69". Dat er
langzamerhand meer beteekenis werd gehecht aan de betrekking van courantier, blijkt niet alleen hieruit dat thans reeds
een gegradueerd persoon aan het hoofd der courant werd geplaatst, maar ook uit een besluit van Burgemeesteren van 11
Julij 1697, luidende: „Burgemeesteren en Regeerders der stad
Amsterdam hebben geconsenteerd aan Willem Arnold, stads
Courantier, om in de Westerkerk, tot gehoor van Gods heilig
woord, sitplaats te mogen nemen in de Banken, daer de Stads-
meesters, Stads-sieketroosters, de Clercquen van de Rekenka-
mer, de Clercquen van de 8 penning Camer [1], en diergelijke
officianten zijn sittende; en dat hij ook zal mogen sitten in
de Bancken, die minder zijn dan die van de Regenten van
de Godshuijsen en krijgsraed: Lastende een ijder dien sulx
aengaet, sig daernae te reguleren" [2].

Eerst met het nummer van Dingsdag 6 November 1703,
N°. 133, ondergaat het opschrift weder eene verandering;
nu luidt het: „Tot Amsterdam, by Willem Arnold en d'Erfg:
van Oossaan. Werdende uytgegeven by Dirk Schouten,
op de hoek van de Beurs-straat, aan den Dam". Deze
verandering kan toegelicht worden uit het Groot-Boek Lr. B.
fol. 53 en de Dagelijkse Notulen van Burgemeesteren van
31 Januarij 1733, fol. 138, 139. Ter eerstvermelder
plaatse toch wordt gezegd dat sedert 5 Junij 1693 „de

[1] In Wagenaars Amsterdam, III, blz. 497 worden deze personen
niet vermeld.
[2] Groot-Memor. N°. 8. fol. 132 verso.

Wed. Schouten, Jacomijntje van Duijveland" aan de courant verbonden was; dit nu is blijkbaar eene aanteekening in 1723 gemaakt. Maar in 1733 wordt er gesproken van „Cornelis Schouten Dirksz, als procuratie hebbende van sijn moeder Jacomina van Duijvelant laatst Wed. van Dirk Bet". Derhalve was Jacomijntje van Duijveland, eerst gehuwd geweest met Aart Dirksz. Oossaan, in 1703 hertrouwd met Dirk Schouten, en later, na den dood van dezen in 1718, gelijk aanstonds uit het opschrift der courant blijken zal, nogmaals getrouwd met zekeren Dirk Bet, dien zij mede overleefde.

Zoo vindt men dan op N°. 127, van Zaturdag 22 October 1718 de woorden: „Tot Amsterdam by Willem Arnold, en de Wed. Dirk Schouten, aen den Dam, op de hoek van de Beurs-straet, daar deeze Couranten ook werden uytgegeeven", terwijl de dood van Mr. Willem Arnold op 2 Februarij 1723 [1] nogmaals aanleiding geeft tot eene verandering, die evenwel eenige opheldering vereischt.

Tot op het jaar 1710 was het courantiers-ambt een zoogenaamd loote-ambt gebleven, waarom Burgemeesteren onderling het lot wierpen wie de aanstelling doen zou. Den 18en December van dat jaar greep er evenwel eene verandering in de lijst der ambten plaats, die later in den Oud-Raad van 30 Januarij 1711 werd goedgekeurd, en waarbij onder anderen bepaald werd dat voortaan het ambt van Duitsche en Fransche Courantier van een loote-ambt in een stemmend zou overgaan, d. i. waarover Burgemeesteren bij meerderheid van stemmen zouden beslissen [2]. Later, 26 Januarij 1719, is daarop in den Oud-Raad „goedgevonden en geresolveert, dat bij het vacant worden van het Amsterdamsche Courantiersampt, daarvan twee Middelbare Ampten" zouden worden gemaakt [3]. Eerst de dood van

[1] Zie Ampten enz. opengevallen sedert 1 Febr 1723 achter Dagelijkse Notulen.
[2] Zie Dag. Notulen van 18 Dec. 1710, en Resol. Oud-Raad C, fol. 81 verso
[3] Resol. Oud-Raad, Lr. C. fol. 44.

Mr. Willem Arnold op 2 Februarij 1723 verschafte de
gelegenheid om uitvoering te geven aan deze besluiten.
Maar toen werd bovendien, 27 April 1723, in den Oud-
Raad „na deliberatie goedgevonden dat de benaminge van
Courantier nu zal worden verandert in die van Commissaris
van de Binnen en Buitenlandsche Tijdingen" [1]. En nu volgde
onmiddelijk denzelfden dag de aanstelling door Burgemeesteren van Mr. Gillis van den Bempden, Raad enz. tot Commissaris van de binnenlandsche en buitenlandsche tijdingen
in plaats van Mr. Willem Arnold overleden Courantier [2].
Of die betrekking veel meer is geweest dan eene adminis-
tratieve sinecuze betwijfel ik, want al was ook dit Commissarisschap een middelbaar-ambt, zoo hoog zal het destijds
wel niet in de algemeene schatting aangeschreven hebben
gestaan, dat Mr. Gillis van den Bempden, lid eener rege-
rings-familie en later zelf Burgemeester, zich met de redactie
inliet. Bovendien wanneer later in 1756 geklaagd wordt
over den schrijver van de Amsterdamsche Courant Willem
Stieven, dan heet het ook dat hij die betrekking reeds 40
jaren had waargenomen, hetgeen bewijst dat het Commissarisschap in 1723 ingesteld eene geheel andere strek-
king had.

Het is alzoo de dood van Mr. Willem Arnold op 2 Februarij 1723, en het niet vervullen van diens plaats als courantier, die aanleiding gaf dat sedert N°. 52, van Zaturdag
1 Mei 1723, het opschrift der courant eenvoudig luidt:
„t' Amsterdam by de Wed. Dirk Schouten, op de hoek van
de Beursstraet, alwaer deeze Couranten uytgegeven werden".
Met N°. 53, van Dingsdag 2 Mei 1724 wordt dat: „by de
Erven van Dirk Schouten", terwijl met N°. 90, van Zaturdag
28 Julij 1731 het opschrift verandert in: t' Amsterdam by
Aart Dirk Schouten Boekverkoper op de hoek van de Beurs-
straet en Dam, werden deeze Couranten uytgegeeven". Doch

[1] Resol. Oud-Raad, Lr. C. fol. 50.
[2] Dag. Notulen van 27 April 1723

reeds op N°. 91 vindt men de omzetting: „op de hoek van dén Dam en Beursstraet", dat misschien wel zoo voornaam klonk.

De hierop gevolgde verandering is die van 1 Mei 1734, waarbij eenigzins uitvoerig moet worden stilgestaan. Was er reeds vroeger, en wel den 29sten Januarij 1729, in den Oud-Raad besloten de twee Commissaris-ambten van de binnen- en buitenlandsche depeches, bij vacature van middelbare tot groote ampten te maken [1], van welke het Aalmoesseniers-huis, in plaats van 6 Gld., 25 Gld. ieder trekken zou, aan dat besluit kon eerst uitvoering worden gegeven toen den 31sten Januarij 1733 „Cornelis Schouten Dirksz, als procuratie heb-bende van sijn moeder Jacomina van Duijvelant laatst Wed. van Dirk Bet gepasseert voor de notaris Adriaan Baars en getuigen in dato 30 Januarij 1733 het ampt als Commissaris van de binne en buitenlandsche tijdinge" afstond en ter beschikking stelde van Burgemeester Lestevenon, hetgeen Burgemeesteren onmiddelijk beantwoordden door de beëedi-ging en aanstelling tot Commissaris van den Secretaris François Lestevenon [2].

Nu verhaalt Wagenaar: „Na nog eenige veranderingen, in 't bewind over dezelve, werden Burgemeesteren, in 't jaar 1734, te raade, den eigendom der Courant, by verdrag met de bezitters, te verkrygen voor rekening van de Stad, en het Courantierschap, onder den titel van *Commissarisschap*

---

[1] Resol. Oud-Raad, Lr. C. fol. 67 verso.
[2] Dagel. Notulen, fol. 138, 139. Groot-Memoriaal, N°. 10, fol. 101. Hoe huisselijk die schikking in haar werk ging leert de Resol Oud-Raad. Lr. C. fol. 75, van 30 Januarij 1733: „Is op het voorge-dragene van de WEDGAchtb. Heer President Burg. Lestevenon om het ambt van Opperklerk en eerste bode van de Weeskamer aan ZWED. ter dispositie gevallen, te mogen ruilen tegen het Commissarisschap van de Binnen en Buitenl. tijdingen alsnog bezeten wordende bij Jacomina van Duijvelant, laatst Wed. van Dirk Beth die ten dien einde van hetzelve zal afstand doen, mits van het ampt van Opperklerk en eerste bode van de Weeskamer ten faveure van haar zoon Cornelis Schouten Dirksz werd gedisponeerd" — Gelijk men ziet ontbreekt het slot aan dezen volzin.

der Binnen- en Buitenlandsche Nouvelles of *Tydingen*, te begeeven als een Ampt". Ofschoon om andere redenen en
op andere gronden dan Mr. G. de Vries Az. in zijn Advies
in zake de Haarlemsche Courant, Maart 1850, blz. 36,
aant. betwijfel ik de juistheid van hetgeen hier door Wagenaar wordt vermeld. Vooreerst trekt het de aandacht dat
terwijl de schrijver zijne bewijsplaatsen medebrengt, hij zich
aan een anachronisme schuldig maakt, want de instelling
van het Commissarisschap dagteekent van 27 April 1723,
en moest dus vermeld zijn geworden voor de zoogenaamde
eigendomsoverdragt van 1734. Ik zeg: zoogenaamde eigendomsoverdragt of overgang. Tot nog toe toch was er
nergens sprake van den eigendom of den eigenaar der courant.
Natuurlijk, is het antwoord van Mr. G. de Vries Az.,
want de stad was eigenaar, en omdat de consulent der
stad Haarlem dit gevoelen gaarne ingang trachtte te doen
vinden, heet het, dat, Wagenaar ten onregte sprak van het
verkrijgen van den eigendom door de stad in 1734. Maar
het is niet daar de plaats waar m. i. de schoen wringt.
Want, dat Wagenaar, die bovendien tusschen 1756 en 1768
zelf de courant schreef, niet zou geweten hebben wat er in
1734 met zijn blad was voorgevallen, valt bezwaarlijk aan
te nemen; meer waarschijnlijk is het, dat hij aan zijne voor-
stelling van het toen gebeurde eene gewrongen tint heeft
moeten geven. M. i. toch ligt er in dat „te raade worden
van Burgemeesteren om den eigendom der Courant, by verdrag met de bezitters, te verkrygen voor rekening van de
Stad" iets duisters, waarachter de waarheid behendig ver-
borgen is. Want dat de stad in 1734 den eigendom der
courant, hoe dan ook, verkreeg, zal zeker wel waar zijn,
maar dat die eigendom zou zijn overgedragen door hen die
slechts bezitters waren, is wat fors. Dat wil er bij een jurist
niet in. Zegt men nu: ja, maar Wagenaar wist van regten
niets af, en men moet het met hem niet zoo naauw nemen,
dan zit er niets anders op dan dat die „bezitters" eigenaars
waren. Dat de stad deze als zoodanig evenwel niet heeft

willen erkennen, acht ik niet onwaarschijnlijk. Zij toch,
die sedert jaren de courantiers aangesteld en aan dezen
verpligtingen opgelegd had, die, wanneer ze niet het uit-
vloeisel waren geweest van den staatkundigen toestand dier
dagen, alleen den eigenaar hadden gevoegd, kan al ligt,
te goeder trouw des noods, in 1734 in het denkbeeld hebben
verkeerd dat niet de uitgevers, maar zij de eigenares der
courant was. Dat zoodanig beweren tegenspraak uitgelokt
heeft, en met een verdrag moest eindigen is begrijpelijk.
Vreemd is het intusschen, dat het mij op het Amsterdamsch
Archief niet alleen niet gelukt is dit verdrag te vinden,
maar dat er van de geheele zaak zelfs geen spoor te ont-
dekken was. Daarom geloof ik ook dat er van het door
Wagenaar medegedeelde niets anders waar is, dan dat de
stad in 1734 den eigendom der courant verkreeg, en dat
wel bij usurpatie. De vraag toch wie of wel eigenaar was
van de courant is in vorige jaren stellig nooit opgeworpen,
eensdeels omdat zulks niet twijfelachtig was, anderdeels omdat
de uitoefening van dit eigendomsregt geen gevaar liep, aangezien zij volledig gedekt was door het consent of de autho-
risatie van Burgemeesteren. Het Placaat der Staten van
Holland van 9 December 1702 [1], waarbij het verlof der
plaatselijke overheid als een vereischte voor het uitgeven eener
courant werd gesteld, had eindelijk dien eigendom geheel
in het niet doen wegzinken; immers aan dat regt zonder
het verlof was niets gelegen. In 't kort: de eigenaars waren
met al hun regt geheel afhankelijk van hunne plaatselijke
overheid, voor wie niets gemakkelijker ware geweest dan,
nu zij de uitgevers toch geheel in hare magt had, zich
stoutweg als eigenaars te doen gelden. Voor zoo iets is
men te Amsterdam echter kennelijk teruggedeinsd, waarschijnlijk omdat men er de noodzakelijkheid voor als nog
niet van inzag. Maar het streven naar deze usurpatie, het
gevolg van een politisch regt, is reeds merkbaar bij de aan-

---

[1] Groot Placaatboek, deel 5, blz. 691.

stelling van Casparus Commelin den 21sten Maart 1686 tot
eenig courantier. En op dien weg is de stedelijke regering
van Amsterdam tot op het jaar 1734 m. i. langzaam maar
zeker voortgegaan [1].

„En deeze nieuwe schikking, op het uitgeeven der Nederduitsche Amsterdamsche -Courant", zegt Wagenaar, „heeft
gelegenheid gegeven, tot het opregten der STADS-COURANTEN-
DRUKKERYE, waartoe een huis aan de oostzyde van de Beurs
gebouwd is, in welk, de Uitgeever der Courant vrye wooning
heeft. Tot het samenstellen der Courant, zyn twee Per-
soonen aangesteld. Op de Drukkerye, daar twee persen
gaan, arbeiden zeven zetters en drukkers, behalve den
meesterknegt. De Courant wordt, driemaal ter weeke, uitgegeven, des Dingsdags, des Donderdags en des Saturdags:
's daags en 's nagts te vooren, wordt zy afgeschreeven en
gedrukt".

Nog voor die nieuwe schikking in werking trad maakten
Burgemeesteren eene verordening „tegen het corresponderen
van nieuwschrijvers met Ministers van Staat", en wel op
deze wijze [2]: „Burgermeesteren en Regeerders der Stad Amsterdam lasten en beveelen ingevolge de Resolutie van de
Ed. Gr. Mog. Heeren Staten van Holland en West-Vriesland,
van 16 October 1723. en laatstelijk van 26 Februarij dezes
Jaars [3] mitsgaders haar Ed. Gr. Mog. Brieve van aanschry-
ving aan haar Ed. Gr. Achtb. dien conform, dat alle Courantiers ende Nieuwschrijvers binnen deze Stad nu alhier
zijnde [4], en die zig na dese mogten opdoen, zich zullen

---

[1] Soortgelijk gevoelen door den Heer Enschedé in zijne Beschouwingen, blz. 27 ten opzigte der Haarlemsche Regering voorgestaan,
acht ik juister dan de tegenspraak van den Heer de Vries in zijn Advies,
blz. 65.

[2] Groot-Memoriaal No. 10, fol. 107. Handvesten van Amsterdam,
stuk 2, fol. 948.

[3] Groot Placaat-boek, deel 6, blz. 41, 68.

[4] Nieuwschrijvers komen mij voor geweest te zijn niet geauthori-
seerde uitgevers van nieuwsberigten.

hebben te onthouden over het formeeren van haar Couranten of Nouvelles op wat naam dezelve ook mogten werden uytgegeven, te Corresponderen met eenige Ministers van desen Staat buyten 's Lands of met derzelve Secretarissen, Amanuensen, Klerken of anderen bedienden, directelijk of indirectelijk nog in derzelver Couranten of Nouvelles te insereren eenigen Missiven van de gemelde Ministers, in het geheel of ten deele, al schoon zy sodanige Missiven door andere wegen als van de Ministers derselver Secretarissen, Amanuensen of andere Bedienden mogten hebben verkreegen. Bevelen voorts aan dezelve Courantiers en Nieuws-Schryvers, wel strictelijk, dat, ingevallen bevonden mogten werden de teneur der sodanige Brieven in het geheel of ten deele, in derzelver Couranten of Nouvelles gebracht te zijn en zy zouden sustineeren niet geweten te hebben dat het waaren Copijen of Extracten van sodanige Missiven, zy den Autheur zullen moeten bekent maaken, sonder het op eenig pretext te mogen difficulteren, en voorts generalijk zich te wagten van in haare Couranten of Nouvelles eenige zaaken te brengen of Expressien te gebruyken, die offensie buyten of binnen 's Lands zouden mogen geven".

„Verbieden eyndelijk aan de houders van de Coffijhuysen en andere publicque plaatsen binnen deze Stad, het te leesen geven of voor de hand leggen van eenige missiven van Ministers van dezen Staat nog Resolutien nog Acten van Staat".

„Ordonnerende een ygelijk die het aangaat zig na al het geene voorschreven is volgens de intentie van haar Ed. Gr. Mog. punctuelijk te gedragen op zodanige boete en straffen als na gelegentheid der zaken zal werden bevonden te zyn Gemeriteert, Actum den 9 Maart 1734, Ter Ordonnantie van haar Ed. Gr. Achtb. voornoemd"

„(Was getekent)"   „P. ELIAS".

Toen nu de courant stads-eigendom was geworden, onderging het blad met N°. 52, van Zaturdag 1 Mei 1734, in zoo verre eene belangrijke wijziging, dat des uitgevers naam voortaan boven in het hoofd der courant kwam, waar men toen las: „Werd uytgegeeven by Jan Spanjert, bezyden de Beurs by het Antwerpse Post-Comptoir" [1]. Boven de advertentiën werd verder dit NB. geplaatst: „Iemand Brieven of Advertissementen rakende deze Courant, te bestellen hebbende, gelieve die te laten addresseeren daer dezelve werd uytgegeven".

Nog niet lang evenwel was de nieuwe regeling in werking getreden, of Burgemeesteren begrepen den 29sten Januarij 1735 [2] nog nadere voorzieningen te moeten maken voor het beheer van hunnen nieuwen eigendom, en zoo werd er dan dien dag door den Oud-Raad [3] „geresolveert dat bij vacatuuren van een der Heeren Commissarissen van de binne en buijtelanse tijdingen hetzelve opengevalle ampt, niet weder aan een ander sal werden in den Tour begeeven, maar aan en ten voordeele van dese stad vervallen, sullende de over te blijvene Heer Commissaris hetzelve ampt dan alleen moeten waarnemen, sonder daarvoor iets te genieten; en gehouden zijn alle de penningen en revenuen die sijn mede Commissaris soude hebben moeten trekken, ter Thesaurie ordinaris deser stad op te brengen en te betalen; en bij vacatuure van de tweede of laatste Heer Commissaris, sal hetzelve ampt (als het eerst) mede ten voordeele van de stad vervallen; in welk laatst geval de Heeren Burgemeesteren in der tijd als dan sodanige mesures sullen mogen gebruiken als haar Weled. sullen goedvinden, hetzij om dezelve te verpagten aan de meestbiedende te geve off wel eenige percenten van de Inkomste hem te late genieten, mits het

[1] Verg. Dr. P. Scheltema, Aemstel's Oudheid, deel 2, blz. 207 en volgg.: De Brievenposterij te Amsterdam.
[2] Wagenaar vermeldt in de noot ten onregte 1734.
[3] Resol. Oud-Raad, Lr. C. fol. 83. Zie ook Mr. G. de Vries blz. 36, aant.

een bequaam persoon sal sijn, om de Correspondentien waar te nemen doch dat alle de penningen van het gemelde Ampt komende te provenieren in sijn geheel aan de stad sal werden goetgedaan en betaalt, ten welken einde ook zoodanig aangesteld persoon den Eed daartoe dienende sal moeten presteeren, en borge voor de penningen stellen; sullende ook over sodanig aangesteld persoon de twee Heeren Secretarissen van de Heeren Burgermeesteren in der tijd werden gesteld om opzigt te hebben, dat alles in order geschiet, sonder daarvoor iets te genieten".

Eerst bij den dood van Mr. Gillis van den Bempden op 20 Januarij 1748, en later bij het overlijden van den Heer Lestevenon, 10 Augustus 1767, was er sprake van de uitvoering dezer resolutie, die derhalve vrij lang naar zich heeft laten wachten. Intusschen had het opschrift der courant en haar bestuur wederom eenige verandering ondergaan. Zoo was met N°. 15, van Zaturdag 2 Februarij 1743 het opschrift veranderd in: „Werd uytgegeeven by Hendrik Linsen, bezyden de Beurs, by het Antwerpsche Post-Comptoir", welke byvoeging „by het Antwerpsche Post-Comptoir" echter voor het laatst voorkomt op N°. 49, van Dingsdag 23 April 1754, terwijl de naam van Amsterdam*sche* in de plaats van Amsterdam*se* Courant het eerst gevonden wordt op N°. 1, van Zaturdag 1 Januarij 1763. Gedurende het tijdsverloop nu liggende tusschen beide laatstgenoemde jaren is de Amsterdamsche Courant de vrucht geweest der pen van den later als stads-historie-schrijver opgetreden Jan Wagenaar. Zijn voorganger Willem Stieven, die de courant 40 jaren geschreven en in elkander had gezet, bleek eindelijk ongeschikt te zijn langer dezen arbeid te verrigten. Reeds in November 1751 toch [1] hadden verscheidene makelaars zich beklaagd dat de door hen opgegeven advertentien niet behoorlijk noch op zijn tijd in de courant waren opgenomen; later waren dergelijke klagten vermeerderd, en

---

[1] Resolutien van Thesaurieren, deel 17, fol. 83.

eindelijk moesten Burgemeesteren in de bijeenkomst van den
Oud-Raad van 3 December 1756 zelfs de verklaring afleg-
gen, dat Stieven „verscheiden passages in de courant gebragt
had, die beter geomitteerd of in eenen anderen zin hadden
behooren gesteld te worden". Daar het debiet en het crediet van het blad onder dit alles zigtbaar geleden had,
begreep men dat het tijd geworden was „om op middelen
te denken om de schrijftrant en Nouvelles met beter stijl
en gepaster oordeel te verbeteren, om dus het verval te
redresseren, en op te beuren". Daarom stelden nu Burgemeesteren, na gehouden overleg met den Heer Lestevenon,
destijds de eenige commissaris belast met het toezigt over
de courant, aan den Oud-Raad voor den persoon van Jan
Wagenaar, van wiens kunde en bekwaamheid men ten volle
overtuigd was, en aan wien reeds vroeger toezegging was
gedaan eener openvallende bediening, met het schrijven der
courant te belasten, en wel voorloopig, zoolang Willem
Stieven nog in leven was, op een daggeld van drie gulden,
Zon- en feestdagen daaronder gerekend, hetwelk echter, bij
het overlijden van gemelden hoogbejaarden courantier, in
een jaarlijksch inkomen van 1600 Gld. zou veranderd worden [1]. Wagenaar echter, wiens aanstelling 7 December 1756
inging, schijnt nooit in het genot te zijn getreden van dit
laatste, want toen bij zijn' vrijwilligen afstand, in zijne plaats
den 28sten Januarij 1763 Lambertus Baltus de Graaf tot
courantier werd aangesteld, moest ook deze zich, in afwach-
ting van den dood van Willem Stieven, met het daggeld
van drie gulden te vreden stellen [2].

Het spreekt van zelf, dat, aangezien den 29sten Januarij
1735 was bepaald om bij vacature van het Commissarisschap
van de Binnen en Buitenlandsche Tijdingen, dit ambt aan
de stad te doen vervallen ten einde de courant onder het

[1] Resol. Oud-Raad. Lr. D. fol. 78. Dr. P. Scheltema, Het Archief van Amsterdam, blz. 14.
[2] Resol. Oud-Raad. Lr. D. fol. 224.

onmiddelijk beheer der stedelijke regering te brengen, het
voor de stad van belang werd om bij den dood van Mr.
Gillis van den Bempden, die medeeigenaar was van het
huis aan de oostzijde der Beurs waar de couranten-druk-
kerij gevestigd was [1] diens aandeel meester te worden. Zoo
werd dan den 27sten December 1748, van Mevrouw Ester
Elisabeth Tulp, Wed. van Mr. Jan van den Bempden, en
moeder en erfgename van Mr. Gillis van den Bempden,
door de stad overgenomen de helft in de Drukkerij van de
Amsterdamsche Courant benevens de helft in al de materia-
len daaraan behoorende volgens eene overgegeven lijst, voor
de som van *f* 5750, zijnde daaronder begrepen de verschenen huurpenningen, waarschijnlijk tot een bedrag van
f 650 [2]. Van eene dergelijke overdragt tengevolge van het
overlijden van François Lestevenon in 1767 is intusschen
door ons geen aanteekening gevonden. Wel werd ten gevolge
van diens dood, en ter geheele uitvoering van het bepaalde
in 1735, in den Oud-Raad van 25 September 1767 [3] het
besluit van Burgemeesteren, in dato 28 Augustus [4] te voren,
goedgekeurd, waarbij Burgemeester Daniel Deutz gecommitteerd werd als Commissaris van de binnen- en buitenlandsche
nouvelles op een jaarlijksch traktement van *f* 2500, ingaande
primo September 1767, vrij van alle belastingen, zullende
de lasten van ambtgeld, 100e penning [5] of diergelijken door
de stad worden betaald; maar tevens werd, aangezien de tijd
te kort was om alles voor het vervolg op eenen vasten voet
te brengen, de nieuw aangestelde verzocht te spreken met

---

[1] In Transportboek BBBBB, fol. 325 en verso staat, dat het huis
achter de Beurs aan de oostzijde, 27 April 1733, voor *f* 6000 overgegaan was in handen van Mr Gillis van den Bempden, Schepen en
Raad, en François Lestevenon, Regerend Schepen.

[2] Resol. van Thesaurieren, deel 14, fol. 175 verso. Transportb.
SSSSS, fol. 165 verso.

[3] Resol. Oud-Raad, Lr. D. fol 325.

[4] Zie Ampten enz. opengevallen achter Dag. Notulen.

[5] Verg. Wag. Amsterdam, deel 3, blz. 420.

de erfgenamen van wijlen den Heer Lestevenon, met hen
te liquideren en te bepalen op welke wijze door de stad
zou kunnen worden overgenomen al wat nog gemeen was
tusschen haar en den boedel van den overledene, de rekening op te maken, en onder goedkeuring van Heeren Burgemeesteren af te sluiten met 1 September; de directie over
te nemen voor de stad, en de gelden haar toekomende te
brengen ter Thesaurie ordinaris; verder om een onderzoek
in te stellen naar de werkkring en salarissen der bedienden,
die bij voorraad in hunne betrekking moesten gehandhaafd
worden. Eindelijk besloot men nog, aangezien er de stad
veel aan gelegen was door wien deze betrekking van Commissaris bekleed werd, dit ambt bij vacature als een stemmend
ambt te beschouwen en niet te vergeven dan aan een
gequalificeerd persoon den ouderdom van ten minste 25 jaren
bereikt hebbende, welke bepaling evenwel den 1 Februarij
1786 wederom werd ingetrokken [1]. Toen nu in den Oud-
Raad van 29 April 1768 [2] de liquidatie van den Heer Deutz
met de erfgenamen van wijlen François Lestevenon werd
goedgekeurd, heette het nogtans, dat alles *buiten de helft
van het huis* overgenomen was, blijkende een en ander uit
de documenten daarvan aan Burgemeesteren vertoond en onder
den Heer Deutz berustende. Wat er intusschen van die
tweede helft geworden is blijkt nergens. Dat er evenwel in
het jaar 1770 eene verandering in het gebouw der couranten-
drukkerij werd voorbereid, mag uit eene aanteekening van
den 28sten Februarij van dat jaar worden afgeleid [3].

De dood van Mr. Daniel Deutz op 29 Junij 1775 had
ten gevolge, dat den 18den Augustus van dat jaar tot Commissaris der Binnen- en Buitenlandsche Tijdingen werd aangesteld Willem Hooft. Het was onder diens beheer dat
in het voorjaar van 1776 het personeel aan de courant

---

[1]) Resol. Oud-Raad, Lr. F. fol. 217.
[2]) Resol. Oud-Raad, Lr. E. fol 11.
[3]) Resolutien van Thesaurieren, deel 18, fol. 61.

verbonden, met name: J. H. Hering, onder het commis-
sariaat van den Heer Deutz tot eersten schrijver der courant aangesteld; Jan de Vries, sedert 1762 aan de courant
als tweede schrijver werkzaam en tevens sedert 1770 als assis-
tent en uitgever (?); en Hendrik Linsen, boekhouder, opzigter
en uitgever der courant, zich tot de stedelijke regering ver-
voegden om verhooging van traktement. Van hoe gering
belang dit punt ook zij, het verdient nogtans daarom te
worden aangestipt, omdat de stukken daartoe betrekkelijk [1]
eenig licht werpen over de inwendige geschiedenis der courant. Want niet alleen was het leven „in een zoo kostbare
stad als Amsterdam, maar vooral de vermeerdering van
werkzaamheden in de laatste jaren de eigenlijke beweegreden
van het gedaan verzoek. Daarbij kwam, voor zooverre
Hering betrof, dat men het aan diens ijver te danken had,
dat het vertier der courant aanmerkelijk toegenomen was,
en wel zoo dat het debiet in 1775 dat van het vorige
jaar met het schier ongeloofelijk getal van ruim 870 boeken
of 43500 stuks couranten overtrof [2], hetgeen eene meerdere
opbrengst van ƒ 1920—11—10 en in 't geheel een batig
saldo van niet minder dan ƒ 28770—4—8 gaf, terwijl in
1776 het debiet dat van 1774 met ruim 83000 stuks overtrof. Intusschen gold de beweegreden der vermeerdering
van werkzaamheden meer de personen van de Vries en Linsen,
en wel vooral den laatsten, die, in het bijzonder belast
met de zorg der advertentien, deed opmerken hoe hij met
eens zooveel werk bezwaard was als toen hij in der tijd aan
het kantoor was gekomen, waartoe hij zich beriep op de

---

[1] Te vinden op het Archief L. C. 9. No. 4. Belangrijk vooral is
daarbij de „Lijst van het getal der verkogte Boeken Couranten in de
Jaren 1774 en 1775" en de „Consept Reekening wegens den ontfang en
uytgaaf der Courantedrukkerij gedurende het jaar 1775 door Hendrik
Linsen", waarin de namen van buitenlandsche Correspondenten schijnen
voor te komen. Zie verder Resol. Oud-Raad van 30 Januarij 1777,
Lr. E. fol. 305—307.

[2] Het boek gerekend op 25 vel, en ieder vel op 2 couranten.

omstandigheid, dat de opbrengst der advertentiën in 1742
bedragen had ƒ 8399—9—10 en in 1775 ƒ 18070—10—0,
en welk bedrag in het jaar 1776 tot ƒ 19306—5—0 steeg.
Het gevolg van dien grooteren lust tot adverteren was volgens
Linsen geweest, dat, kort na de aanstelling van den Heer
Deutz tot Commissaris, de courant vergroot was geworden en
wekelijks een of twee supplementen uitgegeven waren, waarvoor aan de knechts ƒ 1 verhooging van weekgeld was toe-
gestaan en bovendien ƒ 1—-10 voor ieder supplement; terwijl
dat hij, die de verbeteringen uitgedacht en ingevoerd had
in der tijd slechts ƒ 75 verhooging ontvangen had, en nu
nog slechts ƒ 375 genoot, een cijfer ver beneden de som
van ƒ 725 door zijn' voorganger genoten, die hem van 1742
tot 1748 had bijgestaan, sedert welken tijd hij het werk alleen
had gedaan. — De slotsom nu was dat Hering's traktement
met 1 April 1777 van ƒ 1400 op ƒ 1600, dat van Jan de
Vries van ƒ 550 op ƒ 600, en van Hendrik Linsen van
ƒ 375 op ƒ 450 werd gebragt, beide met 1 Maart 1777.

Met betrekking tot het jaar 1776 moet nog gewezen
worden op de belangrijke wijziging die het opschrift der
courant toen onderging, en waarvan hierboven reeds is ge-
waagd. Want, ofschoon de aanleiding tot de oogenschijnlijk
vrij zonderlinge benaming van Dingsdagsche, Donderdagsche
en Zaturdagsche Courant reeds ten minste in 1691 was op-
geheven, hield deze gewoonte nog stand tot en met de
Amsterdamsche Zaturdagsche Courant van 17 Augustus 1776;
het volgende nummer toch draagt den naam van: „Amsterdamsche Courant. Word uitgegeven by Hendrik Linsen.
Dingsdag den 20 Augustus."

Was al door den Oud-Raad van 25 September 1767 bepaald, dat bij vacature het Commissarisschap van de binnen-
en buitenlandsche tijdingen voor een stemmend ambt zou
worden gehouden, daarin kwam wederom verandering toen
de Oud-Raad in zijne zitting van 25 November 1778 [1] deze

[1] Resol. Oud-Raad. Lr. F. fol. 81.

betrekking tot een groot ambt verhief. Wat daarvan de reden was blijkt nergens.

Tot en met het nummer 13, van Zaturdag 29 Januarij 1791, bleef het opschrift der courant: „Amsterdamsche Courant. Word uitgegeven by Hendrik Linsen." Dit adres wordt met N°. 14, van Dingsdag 1 Februarij 1791: „werd uitgegeven bezyden de Beurs, ten huize der stads-drukkerye", en acht dagen later met N°. 17: „in 't huis der stadscourant-drukkerye". Waarschijnlijk waren die veranderingen het gevolg van den dood van Hendrik Linsen, want aan den voet van N°. 53, van Dingsdag 3 Mei, las men: „Te Amsterdam, by Jan Willem Nieder," hetgeen nogtans niet lang heeft geduurd, want met N°. 80, van Donderdag 4 Julij 1793, werd die onderteekening: „Te Amsterdam, by Cornelis van Leeuwen".

Heel best schijnt het intusschen niet met de courant te zijn gegaan. Want, toen in de maand October 1791 de boekverkooper Johannes Wilhelmus Smit „op de Fluweele Burgwal by de Halsteeg" [1] aan Burgemeesteren verzocht eene nieuwe courant te mogen uitgeven, die door Matthijs Koon en Hanso Leemstra van Buma [2] te Gouda werd geschreven en gedrukt, en dit verzoek was afgeslagen met de bepaling tevens, dat ook in het vervolg geen andere couranten en nieuwspapieren meer binnen Amsterdam zouden worden toegelaten, werd er, nadat de Heeren van Gouda zich die weigering hadden aangetrokken, door Burgemeesteren in den Oud-Raad van 27 Januarij 1792 uitdrukkelijk gewezen op „de schadelijke effecten die men sedert lang uit het misbruik der Nieuwspapieren en speciaal ook uit de vermenigvuldiging derzelve, ten nadeele van de Stads-Courant

---

[1] Aldus op zeker nummer dier Goudasche Courant door ons gezien. Verg. over dien naam Ter Gonw, Oorsprong en afleiding der namen enz. van Amsterdam, stuk 2, blz. 90.

[2] In 1789 boekdrukker en boekverkooper te Sneek, uitgever van de Nieuwe Mercurius of Friesche Boode. Zie Bijlagen op Janus Januszoon, blz. 22.

had ondervonden". Toen de Goudsche regering zich evenwel andermaal bij missive van 16 Julij 1792 de zaak aan-
trok, werd er in den Oud-Raad van den 31sten dier maand
besloten dan maar toe te geven in de hoop, dat er te Gouda
zorg zou worden gedragen, dat de schrijvers en uitgevers
bleven binnen de palen hun bij de laatste Resolutie der
Staten van Holland voorgeschreven, en dat zij geen aanleiding zouden geven waarom de permissie weer ingetrokken
zou moeten worden; in 't bijzonder verwachtten Burgemeesteren dat zij zich niet zouden toeleggen om door „morderijen"
de Stads-Courant nadeel toe te brengen, als b. v. door voor
mindere prijzen advertentiën in de Goudsche Courant te
plaatsen, hetgeen terstond een verbod ten gevolge zou hebben [1]. Tegen mededinging was dus de courant niet bestand.

Met den aanvang van het jaar 1795 werd eene nieuwe
bron van inkomsten voor de courant geopend. Sedert dien
tijd toch kwam de gewoonte in zwang der geboorte- huwe-
lijk- en dood-advertentien, ofschoon met de laatste het eerst
schijnt begonnen [2]. — Weinige dagen later las men op de
Amsterdamsche Extra-Courant van Dingsdag 20 Januarij 1795,
N°. 9, het eerst de woorden: Vryheid, Gelykheid, Broeder-
schap, en acht dagen later op N°. 12 de aanwijzing: Het
eerste Jaar der Bataafsche Vryheid. — Belangrijker zeker was
het, dat het Comité Revolutionair op Woensdag 18 Maart
van dit zelfde jaar besloot den Commissaris der binnen- en
buitenlandsche tijdingen Joan Huydecoper, die sedert 2
November 1787 Willem Hooft — reeds sedert 31 Januarij
1786 afgetreden — vervangen had, te verklaren vervallen
van dien post, als zijnde toen geheel nutteloos, en alleen
drukkend voor Stads kas geworden [3]. Nadere schikkingen

[1] Resol. Oud Raad, Lr. F. 391 en 419.
[2] Over de belasting die op dit soort van advertentiën werd gelegd
bij Ordonnantie van het Provinciaal bestuur van Holland van 5 Oct.
1797, zie Nieuwe Nederl. Jaarb. 1797, bl. 1176—1182. WAGENAAR,
Vad. Hist. Vervolg, deel 39, bl. 19.
[3] Nieuwe Nederl. Jaarb. 1795, bl. 2089.

volgden eerst in de maand Januarij van het volgende jaar,
toen het geheele personeel aan de courant verbonden eene
verjongingskuur onderging, en de volgende bepalingen gemaakt werden [1]:

1. Den post van Commissaris der Stads Couranten Drukkery of Nieuwstydingen geheel te vernietigen.

2. Ter vervanging van dezen gemortificeerden post, vier
Directeuren aan te stellen, om het oppertoevoorzicht te
hebben over de Stads Courant, het Dagblad [2], de Drukkery,
derzelver inkomsten, uitgaven, en alles wat daar toe be-
trekkelyk is, en in 't vervolg daar toe betrekkelijk zal
worden gemaakt. En zyn daar toe met eenparigheid van
stemmen benoemd en gecommitteerd geworden, de Burgers
Dirk van Hinloopen, *Pieter Brouwer*, *Ambrosius Justus Zubli*,
en *Abraham Gysbertus Verster*.

3. Den Burger *J. E. de Witte* [3], als Schryver van de
Stads Courant, behoudens zyne verantwoordelykheid te
ontslaan.

4. In deszelfs plaats, tot eersten Schryver, Redacteur en
Correspondentiehouder van de Stads Courant aan te stellen,
den Burger *Pierre Agron* [4], en zulks op een Jaarlijks tractement van f 1600, en f 50, voor Coffyhuisgeld, om reguard
te nemen op de nouvelles.

5. Den Burger *J. de Vries* te ontslaan van zyn' post,
van tweeden Schryver van de Stads Courant, en denzelven
in plaats van dien aan te stellen tot het leezen en nazien van
alle de Buitenlandsche Nieuwspapieren, het leezen en corrigeeren

---

[1] Nieuwe Nederl. Jaarb. 1796, bl. 671.

[2] Dit dagblad waarvan Arend Fokke Simonsz. redacteur was, verscheen
zoo ik mij niet vergis, van 1795—1803, eerst bij Gartman, later bij
van Leeuwen, aan de Stads-Couranten-drukkerij.

[3] Is dit J. E. de Witte van Haamstede, van wien in Janus, N[o]. 79,
van Donderdag 7 Januarij 1802, gesproken wordt? Verg. ook de vraag
in den Navorscher 1867, bl. 47. Intusschen wordt in den Domkop (1796)
deel 2, bl. 245 nog van Heering als schrijver der courant gesproken.

[4] Deze naam doet denken aan den bewerker van Fransche kinder-
leerboekjes.

der Proeven van de Couranten, het ontvangen der Advertissementen, en het bezorgen daarvan ter drukpersse: ten welke
einde aan hem vergund wordt de vrye woning in het
huis, waar het Comptoir van de Courant wordt gehouden, met
byvoeging van een Jaarlyks tractement van *f* 500, zonder
eenige verdere Douceurs [1].

6. In plaats van denzelven *J. de Vries*, tot werkelyken
tweeden schryver van de Stads Courant aan te stellen deszelfs zoon *J. J. de Vries*, en zulks op een Jaarlyks tractement van *f* 600.

7. Den Burger *Cornelis van Leeuwen*, als Boekhouder
van de Stads Couranten Drukkerij, te ontslaan, en denzelven
in plaats van dien aan te stellen tot Uitgever van de Courant
en van het Dagblad, en zulks op een Jaarlyks tractement
van *f* 500, en vrye woning, in het huis van gemelden
J. de Vries.

8. Tot Boekhouder der voorsz. Drukkery, op een Jaarlyks tractement van *f* 500, zonder eenige Emolumenten, aan
te stellen den Burger *Sigismundus Frost*.

Meer veranderingen volgden nog in den loop van hetzelfde
aar. Met het oog toch op eene verplaatsing der Stads-Couranten-drukkerij, kocht de stad in 1796 het perceel aan op
het Rokin tusschen de Gapers- en Duifjes-stegen, waarvan
onder anderen medeeigenaars waren Hendrik van Staden en
d'Erve Stichter [2]. De verhuizing volgde daarop in de maand
November, en werd in de courant van Donderdag 24 November 1796, N°. 141, algemeen bekend gemaakt in deze
bewoordingen: „Tot naricht dient, dat het *Dagblad van den
Raad der Gemeente*, benevens de *Amsterdamsche Courant*, voortaan zullen worden uitgegeven aan de Stads-Drukkery, *op
het Rokkin, tusschen de Gaupers- en Duifjes-steegen;* zullende
hiermede begin gemaakt worden aanstaanden Dingsdag den

---

[1] J. de Vries ging dus met 100 Gld. achteruit, want vrije woning
genoot hij reeds vóór 1777.

[2] Zie Resol. van Thesaurieren, deel 21, fol. 86.

29sten November; — wordende een' ieder verzocht om, van aanstaanden Maandag den 28sten November af, alle de Papieren, Advertissementen, Brieven of Boodschappen, voor de Stads-Drukkery, of de Courant, aldaar te bezorgen". En van daar dat op N°. 143, van Dingsdag 29 November 1796, het opschrift wordt gevonden: „wordt uitgegeeven aan de stads-drukkery, op het Rokkin, by de Beurs", terwijl onder aan het blad slechts de woorden: „Te Amsterdam" voorkomen.

Ook de Amsterdamsche Courant deelde in de gevolgen van duurdere tijden, en al is ons van den prijs van het blad in vroegere dagen niets bekend, de volgende mededeeling ontleend aan N°. 156, van Donderdag 29 December 1796, mag daarom toch niet achterwege blijven. Aan het hoofd van gemeld nummer namelijk las men: „Directeuren van de Amsterdamsche Courant zyn, uit hoofde van de duurte van het Papier en alle andere Druk-Materiaalen, genoodzaakt, om den prys van gemelde Courant, met primo January 1797, met *één Duit* per blad te verhoogen, en dus dezelve, *gelyk* met de andere Couranten, op *zes Duiten* te stellen. — Zy vleijen zich, dat hunne Medeburgers in deeze schikking genoegen zullen neemen, en verzekeren hen, dat zy van hunnen kant geene middelen onbeproefd zullen laaten, om dit Nieuwspapier, zoowel ten opzichte van het Staats-nieuws als van het Commercieele, tot een der interessantste Dagbladen te maaken. — Om ook ten opzichte der uitvoering de Leezers genoegen te geeven, zal hetzelve, met het begin van het Nieuwe Jaar, met een' nieuwen Letter gedrukt worden."

Bij die „nieuwe letter" kan de vraag oprijzen of de courant in vorm en inrigting nog steeds dezelfde was als vroeger. Dat de naauwkeurige beantwoording dier vraag intusschen hoogst moeijelijk is, zal iedereen toestemmen die weet, hoe uiterst langzaam in den regel zich de behoefte aan meerdere ruimte bij dagbladen doet gevoelen, en welke kunstmiddeltjes, gelijk b. v. door uitzetting of ineenkrimping van het hoofd, of wel meerdere aansluiting der letters, gebezigd worden om bijvoegsels of vergrootingen te voorkomen, die eenmaal noodzakelijk geworden nogtans zooveel mogelijk worden vermeden door de schier onmerkbare vermeerdering en verlenging der regels. Van daar dan ook dat de Amsterdamsche Courant langzamerhand wel een ander aanzien heeft gekregen, ofschoon de vorm en inrigting, 2 blz. folio in twee kolommen gedrukt, dezelfde bleef [1]. De meerdere plaats die het grooter aantal advertentiën intusschen vereischt had, maakte dat sedert het nummer van Zaturdag 7 Mei 1740, N°. 55, de ruimte naast de tweede kolom opengebleven aangevuld werd met advertentiën, die in de breedte werden gedrukt. Deze voor de lezers niet zeer aangename gewoonte, die bij alle mij bekende couranten uit de 18de eeuw in zwang is geweest, heeft intusschen voor zooverre de Amsterdamsche Courant betreft, stand gehouden tot het laatste nummer van het jaar 1827. Wat betreft het gebruik om bijvoegsels, of gelijk ze destijds heetten „Vervolgen" uit te geven, daaromtrent hebben wij reeds doen opmerken, dat in 't jaar 1688 en 1690 zoodanige stukken aan de courant werden toegevoegd. Het schijnt evenwel dat deze gewoonte weer in onbruik is geraakt, en vergis ik mij niet dan is de courant van Zaturdag 14 April 1770, N°. 45, weer het eerste nummer, waarbij een vervolg, zijnde een half vel aan ééne zijde meerendeels met advertentiën gedrukt, voorkomt. Intusschen was dit toen nog eene zeldzaamheid, hetgeen niet overstemt met de mededeeling van Hendrik

---

[1] Daarom trekt het de aandacht dat in de verzameling Amsterdamsche Couranten loopende van 1786—1796 niet lang geleden door de Stads Bibliotheek alhier aangekocht, zeer velen voorkomen waarvan er twee op hetzelfde vel zijn afgedrukt, zoodat b. v. de twee eerste paginas den inhoud der Zaturdagsche, de beide volgende dien der Dingsdagsche Courant behelzen. Aangenomen zelfs dat deze couranten tot het exemplaar van den toenmaligen uitgever hebben behoord, dan is het nog niet volkomen duidelijk waarom het vel niet in tweeën werd gesplitst en achtereenvolgens gebruikt. Want één van beiden, of men moest nu de vorige vorm eenige dagen laten staan, of het tweede gedeelte van het vel omzigtig aan de pers toevertrouwen; beiden dunkt mij vrij omslagtig.

Linsen in diens verzoekschrift van het jaar 1775, dat kort
na de aanstelling van Daniel Deutz, 28 Augustus 1767,
tot commissaris, de courant vergroot was geworden en wekelijks een of twee supplementen uitgegeven waren.   Want na
het genoemde tijdstip in 1770 krijgt eerst de Dingsdagsche
courant langzamerhand geregeld zoodanig vervolg, later in 1779
ook de Zaturdagsche en in 1780 de Donderdagsche Courant.
Van eene zoogenaamde Na-Courant, die bij buitengewone
gebeurtenissen werd uitgegeven, vindt men een voorbeeld
in die van den 27sten September 1777, uitgegeven Maandag
29 September 1777, als N°. 116, bij gelegenheid der
„Receptie van zyne doorluchtige Hoogheid als Admiraal-Ge-
neraal, by den Edel Mogende Zee-Raad aan het IJ”; 't was
eene versierde courant, gelijk er wel meer vooral door de
Haagsche Courantiers zijn bezorgd, bevattende een half vel
aan ééne zijde in twee kolommen gedrukt.   Eene andere
zeldzaamheid, althans voor de 18e eeuw, vindt men in het
nummer van Dingsdag 20 Augustus 1793, N°. 100, zijnde
dit eene zoogenaamde „dubbelde courant”, 4 blz. folio.
De Extra-Courant van Dingsdag 20 Januarij 1795, N°. 9,
waarop voor het eerst het „Vryheid, Gelykheid, Broeder-
schap” staat te lezen, schijnt de eerste van die soort te zijn.

Ook het wapen der courant heeft menigvuldige wijzigingen ondergaan, die niet altijd als verbeteringen of verfraai-
jingen kunnen worden aangemerkt. Van de fijnste toch
waren die houtsneden zelden, zoodat de schildhouders, in
het Amsterdamsche wapen de leeuwen, dikwijls niet aan het
oorspronkelijke beantwoorden, en nu eens aan knorrige oude
heeren, dan weer aan katten doen denken, hetgeen ongetwijfeld meer in overeenstemming was met hun natuur.
Ten opzigte van die schildhouders doet zich nog eene andere
bijzonderheid voor, namelijk deze, dat de staarten der leeuwen somtijds omlaag voorkomen. Er zijn er geweest, en
onder dezen naar ik hoor Mr. W. J. C. van Hasselt, die
beweerd hebben, dat dit geheel in overeenkomst was met
de regelen der heraldiek, en dat het tegenovergestelde,

hoewel algemeen ingevoerd, onjuist is [1]. Ik waag mij niet aan eene beslissing, maar vermoed dat de zaak of van geen beteekenis is, of wel het bewijs levert hoe vreemd er met de heraldiek is omgesprongen. Wanneer wij nu voor veranderingen in het wapen wijzen op de couranten van Donderdag 1 Januarij 1699, N°. 1; Dingsdag 24 October 1702, N°. 127 (voor het eerst met de staarten der leeuwen omhoog); Donderdag 14 Junij 1708 N°. 71 (wederom met de staarten der leeuwen omlaag); Donderdag 8 Junij 1747, N°. 68; Dingsdag 2 April 1754, N°. 40 (sedert voor goed met de staarten der leeuwen omhoog); Dingsdag 22 Junij 1762, N°. 74; Dingsdag 28 Augustus 1764, N°. 103; Dingsdag 24 Junij 1766, N°. 75; Dingsdag 12 Julij 1768, N°. 83; Dingsdag 2 October 1770, N°. 118; Dingsdag 20 Augustus 1776, N°. 100; en Dingsdag 14 Julij 1778, N°. 84; — dan beschouwe men deze opgave liefst niet als volledig, daar het dikwijls moeijelijk te bepalen viel, of ook alleen het schoonmaken van den stempel de oorzaak was eener schijnbare verandering. Wat nu de reden is, dat, terwijl b. v. de Haarlemsche Courant, ten gevolge van het vonnis door de vrijheidsmannen van '95 tegen al wat wapens was uitgesproken, van 21 Januarij 1795 tot 29 September 1796 zonder wapen werd uitgegeven [2] de Amsterdamsche Courant het hare behield, durf ik niet beslissen; want opmerking verdient het, dat,

---

[1]) Naar ik verneem stond mijn bloedverwant wijlen Mr. H. Provó Kluit hetzelfde gevoelen voor, zoodat bij eene reorganisatie van het uniform der Amsterdamsche dienaren van Politie, de chacots dier beambten voorzien werden van het Amsterdamsche wapen met de druipstaartende schildhouders. Noch COMMELIN, 1e en 2e uitgave, bl. 184 en 188, waar men prachtige wapens met zoodanige schildhouders aantreft, noch WAGENAAR, III, blz. 15 vertellen er iets van.

[2]) In onzen leeftijd is dit ook geschied door de Arnhemsche Courant, die sedert Dingsdag 31 October 1848, N°, 227, tot en met het einde van 1853, dus ruim 5 jaren lang, ter besparing van ruimte, gelijk het heette, niet alleen zonder–wapen, maar zelfs zonder het gebruikelijke hoofd verscheen. Dit tijdstip valt intusschen merkwaardig zamen met den strijd over den eigendom en het wapen der Haarlemsche Courant. Zie hieronder.

terwijl Amsterdam toch door het wegwerpen der Keizerlijke kroon — al bleef zij ook boven op den Westertoren staan pronken [1] — de mode van den dag volgde, en dit ook bij het wapen op het Dagblad van de Vergadering der Representanten van het Volk van Amsterdam van 1795 tot 1802 in het oog werd gehouden, de Amsterdamsche Courant, mede ter stads-drukkerij uitgegeven, nogtans geene verandering onderging in haar wapen voor N°. 1, van Donderdag 2 Januarij 1800. Wel bleef toen de kroon behouden maar de leeuwen werden geschrapt, en de vrijheidshoed benevens eenige andere zinne-beelden werden boven en naast het waggelend schild gesteld. Tegelijk verviel aan den voet der courant de bijvoeging: „Te Amsterdam". Maar lang heeft die gekheid toch niet geduurd, want met N°. 133, van Donderdag 5 November 1801 keerde weer het oude wapen met kroon en leeuwen op de courant terug. Intusschen gaf deze zaak aanleiding tot de vervaar-diging van het volgende niet onaardige rijm

Op het

Nieuwe Vignet

boven

de Amsterdamsche Courant

bij den aanvang des jaars, 1800.

Zegt mij eens, Mannen van verstand!
Waarom op de Amsterdamsche Krant,
Zodra wij Agttien Hondert schreven,
Het Leeuwenpaar is weg gebleven?

Het is omdat wij, niet in schijn,
Slechts Fransche kale schapen zijn,
Die magtloos om hun naaktheid schreeuwen;
Dus voegt ons wapenschild geen leeuwen.

Maar waarom rust dan 't wapenschild,
Op koopmanschap, verspreid in 't wild?

---

[1] Verg. J. Ter Gouw, Over den oorsprong der wapeus, in deze Bijdr. N. R. deel 2, blz. 39.

Het is omdat in deze Staten
De koopvaardij ons heeft verlaten;
Is dus geen koopmanschap in 't land,
Zij is in 't printje van de krant.

Waarom is 't wapen scheef gelegen?

Wel man! 't gaat all' langs scheve wegen;
Al siert een kroon de wapenkruin,
't Gaat met de landzaak bijster schuin¹)
Dus is met grond het oude wapen,
In een toepas'lijk nieuw herschapen.

Met deze mededeeling naderen wij zoo langzamerhand den
Franschen tijd. Een tijdgenoot² geeft omtrent de courant
van die dagen het volgende verslag. „Openbare Verkoopin-
gen, Schouwspelen, Bals, enz. worden door aangeplakte
billetten aangekondigt, ook wel door middel van de Stads-
Courant* (die Dingsdags, Donderdags en Saturdags wordt
uitgegeven, doch meer om de *advertissementen* dan wel om
de staatkundige berigten daar in te vinden gezocht is) waarin
tevens de bekendmakingen van nieuwe boeken, huwelijken,
kraambevallingen, sterfgevallen, kortom van alles wat men
noodig oordeelt ter kennisse van het publiek te brengen, ge-

---

¹) Wat „bijster schuin" was, en wat „scheve wegen" waren wist de
vervaardiger van dit rijm, de Amsterdamsche advocaat Mr. Pieter Bod-
daert Junior, van nabij. Tot de ergste zedeloosheid en een losbandig leven
vervallen, misbruikte hij zijn vernuft tot het zamenstellen van ontuch-
tige stukjes, meestal in kroegen en bordeelen voor de vuist vervaardigd,
waarvan een goed gedeelte is in het licht gegeven in zijne Nagelatene
Prozaïsche en Poetische Portefeuille, Amst. 1805, en waarin het vermelde rijm, opgenomen in eene brochure kort na des dichters dood
uitgegeven, welligt ook voorkomt. De man werd het offer zijner spoor-
loosheden toen hij den 9den Maart 1805, aan de gevolgen van eenen
val in het half digt bevrozen water, waarbij hij zijn been brak, overleed. Zie van der Aa, Biogr. Woordenb., 8º uitg. 2e deel, 2e stuk, blz.
692, 3, en de medeeling van denzelfden schrijver in den Navorscher,
deel 3, bl. 367, naar aanleiding der vraag op bl. 3.
²) Het tegenwoordig Amsterdam. Amsterdam bij L. A. C. Hesse.
1809. bl. 88.

plaatst worden. Voor een *advertissement* van vier regels
betaalt men zes-en-dertig stuivers; de origineelen moeten op
een Zegel van zes stuivers geschreven zijn, terwijl tot de
bekendmaking van eene geboorte of van een sterfgeval een
Guldens, en tot die van een huwelijk een twee Guldens
Zegel vereischt wordt, behalven het *Suppletoir* zegel, hetwelk
in den loop van dit jaar, provisioneel voor den tijd van
negen maanden ingevoerd is". In zooverre is hetgeen hier
omtrent het inwendig bestaan der courant omstreeks het jaar
1809 wordt medegedeeld belangrijk, omdat het hoofd der
courant in die dagen nog geen berigten gaf van abonnements
en advertentie-kosten.

Met betrekking tot het jaar 1809 moet nog op eene kleine
bijzonderheid worden gewezen. Sedert N°. 23, van Donderdag 23 Februarij van dat jaar toch, werden in het hoofd
der courant de maand-namen vervangen door de namen:
Sprokkelmaand, Lentemaand enz., een gebruik dat stand
gehouden heeft tot N°. 16, van Dingsdag 5 Februarij 1811,
het eerste nummer waarin de nieuwsberigten in twee talen
voorkomen, onder den titel: Gazette d'Amsterdam, Amsterdamsche Courant. Te gelijkertijd werd ook nu weer, wegens de ruimte waarschijnlijk, de plaats van uitgave uit
het hoofd naar den voet der courant overgebragt, en
wel aldus: „Te Amsterdam, ter Stads-Drukkery, op het
Rockin". En zoo blijft het tot en met het nummer van
Zaturdag 30 November 1811, N°. 144, toen ten gevolge
van het decreet van 3 Augustus 1810, waarbij bepaald
was, dat er slechts één enkel politiek dagblad in elk der
departementen buiten dat van de Seine zou mogen bestaan,
en dat van 26 September 1811, waarbij de advertentie-
en letterkundige dagbladen waren aangewezen waarvan de
uitgave geoorloofd was, de Amsterdamsche Courant haar
staatkundig leven eindigen moest, om tot den rang van
gewoon advertentie-blad af te dalen. Sedert dien tijd kwam
zij voor het eerst dagelijks uit in twee talen onder den
titel van Affiches, Annonces et avis divers d'Amsterdam, —

Advertentien, Aankondigingen en verschillende berigten van Amsterdam, in 8 blz. 4°. met het schild, zonder leeuwen, maar met den Keizerlijken adelaar, „Te Amsterdam by J. van Bonga, Directeur der Stads-drukkery, Rockin, n°. 137" [1]. Dit nu heeft geduurd tot en met het nummer van Dingsdag 16 November 1813, n°. 273.

Het was in dit tijdperk van vernedering dat de courant voor het eerst de stempels eener zegelbelasting draagt. Want al was ook de impost op de gedrukte papieren reeds in 1674 bij ordonnantie vastgesteld, later in 1691 verdubbeld, en 14 Maart 1750 gewijzigd [2], de courant droeg daarvan niet de sporen, en het was eerst op N°. 1, van Woensdag 1 Januarij 1812, dat men twee zegelstempels op het blad zag verschijnen, waarvan het eene (a-timbrer-à-l'extraordinaire) nogtans met N. 34, van Zaturdag 8 Februarij 1812, wederom verdwijnt, terwijl het andere eene belasting van 5 C. aanwijst. Toen bij het herstel van zaken de courant wederom verscheen als: „Amsterdamsche Courant. Wordt uitgegeven aan de Stads-drukkery, op het Rokin, by de Beurs. Woensdag den 17 November 1813, N°. 1", met de bijvoeging aan den voet der courant: „Te Amsterdam", was de vorm wederom folio en de grootte spoedig doorgaans 4 blz. of een geheel vel, terwijl ook behalve op N°. 1 en 2, waar men het stedelijk schild vindt gekroond door een lauriertak, en onder het schild den naam: „Amsterdam," het wapen wederom in zijn oude glans te voorschijn komt. Dat op de

---

[1] J. van Bonga was intusschen reeds in het jaar 1809 aan de Stads-Drukkerij verbonden.

[2] Groot-Placaetboek, deel 3, pag. 847; deel 4, pag. 713; deel 7; pag. 1202 en 1389. Nederl. Jaarb. 1750, deel 1, bl. 524—528. Mr. P. H. Engels, de Gesch. der belast. in Nederland, bl. 141. Zoo vermeldt ook Mr. F. N. Sickenga, Gesch. der Ned. belast. 2e deel, blz. 134, dat bij ordonnantie van 2 December 1805 de dagbladen en tijdschriften werden belast met een regt van 1 à 2 penningen per vel druks. Zie Voll. verz. der publ. voor de ingezetenen der Bataafsche Republiek van 28 Nov. 1805, tot 18 December 1805, veertiende deel. N°. CCCCLXVII, bl. 10.

9 eerste nummers het zegel niet voorkomt zal waarschijnlijk moeten toegeschreven worden aan de zucht om ook dit kenmerk der overheersching te doen vervallen, hetgeen evenwel niet gelukte, want sedert N°. 10 verscheen weder het Fransche zegel, 5 C. voor een geheel en 3 C. voor een half vel (in welk geval de stempel een ander was) op de courant.

Gedurende de eerste maanden van het jaar 1814 heeft de Amsterdamsche Courant een officiëel karakter gehad. Dit blijkt uit de Extraordinaire Amsterdamsche Courant, N°. 7 (de extraordinaire nummers droegen toen en later, tot zelfs in 1829, afzonderlijke merken) toegevoegd aan het nummer van Vrijdag 31 December 1813, N°. 39, waarin gezegd werd: „Wordt mits dezen berigt, dat de Amsterdamsche Courant is verklaard te zijn de Departementale Courant, en dat mitsdien alle Stukken, welke van wege het Departement officiëel zullen worden bekend gemaakt, dadelijk in dezelve Courant zullen worden geplaatst". Van daar dat met N°. 1, van Zaturdag 1 Januarij 1814, de titel der courant werd: „Departementaal Dagblad van de Zuiderzee en Amsterdamsche Courant. Te Amsterdam, by J. van Bonga, ter Stads-drukkery, op het Rokin". Tot verdere toelichting van dezen naam brengen wij in herinnering, dat, tot op de invoering van de Grondwet van 1814, de departementale verdeeling des lands is behouden gebleven, en dat de vroegere departementale couranten, zooals, voor zooverre het Departement der Zuiderzee betreft, het Feuille politique du Département du Zuiderzée en het daarop gevolgde Staatkundig Dagblad van de Zuiderzee, niet meer bestonden. Slechts korten tijd echter, en wel tot en met N°. 104, van Woensdag 4 Mei 1814, is het Departementaal Dagblad in stand gebleven, want den volgenden dag was de titel wederom: Amsterdamsche Courant, Donderdag den 5 Mei 1814, N°. 105. Van dien overgang, ongetwijfeld in verband staande met de afschaffing der departementen, meldt de courant evenwel zelve niets [1]. Intusschen was, tengevolge

---

[1] Verg. onze mededeeling in den Navorscher van Jannarij 1866, bl. 18.

van het besluit van den 15^{den} Januarij 1814, N°. 83, (*Stbl.*
N°. 11) bepalende, in Nederlandsche munt, de prijzen van
het buitengewoon zegel voor alle nieuwspapieren, aankondigingen, enz. met N°. 44, van Dingsdag 22 Februarij, het
uit den Franschen tijd behouden gebleven zegel van 5 C.
overgegaan in een ander van 8 Penn., dat met N°. 297,
van Maandag 19 December 1814, nogmaals veranderde toen
de woorden: Departement van de Zuiderzee plaats maakten
voor den naam: Noord-Holland.

Met eene nieuwe letter en een nieuw wapen vangt de
jaargang van 1815 aan. Een bijvoegsel kwam toen even als
later nog slechts een enkele keer voor; maar wat de reden is,
dat, niettegenstaande de gewone grootte der courant 4 blz. folio
was, sedert N°. 95, van Zaturdag 2 April 1815, op zoovele
nummers de bijvoeging voorkomt: „deze dubbele courant (met
het bijvoegsel, vervolg), wordt voor den ordinairen (gewonen)
prijs uitgegeven" is ons nog niet bekend. Deze opmerking geldt
ook voor veel latere jaren. Ten opzigte van het jaar 1815
zij nog aangemerkt, dat met N°. 244, van Dingsdag 17
October, in het adres voor het eerst de spelling „Rockin"
voorkomt, hetgeen wederom „Rokin" wordt met N°. 33,
van Dingsdag 8 Februarij 1820. Verder teekenen wij aan,
dat ook in den aanvang van het jaar 1818 eene nieuwe
letter werd ingevoerd, en dat tengevolge van het Besluit van 26 Februarij 1825, (*Stbl.* N°. 10), waarbij de uitvoering werd geregeld van art. 2 der wet van den 31^{en} Mei
1824 (*Stbl.* N°. 36), met betrekking tot het buitengewoon zegel, voor dagbladen, nieuwspapieren enz., met N°.
163, van Donderdag 14 Julij 1825 het zegel van 8 Pn.
Noord-Holland overgaat in een Buitengewoon-zegel Noord-
Holland van 2½ C.

Met den aanvang van 1828 greep de meer gewigtige
verandering plaats, waarop reeds boven is gewezen, dat
namelijk toen niet meer berigten en advertentiën in de
breedte van het blad werden gedrukt, hetgeen zeker tot
groot gerief der lezers was. Te gelijkertijd werden, als een

gevolg daarvan, de twee kolommen breeder, en kwam er nogmaals, en nu voor langen tijd, aan het hoofd der courant een wapen met druipstaartende schildhouders. Slechts aan het hoofd van de beide eerste nummers van dit jaar vindt men den prijs der advertentiën opgegeven, als zijnde van 1 tot 5 regels ƒ 1.75, en voor iederen regel meer 35 cents. Wat nu de reden is, dat in dit jaar het zegel eerst 2 C. is en later met N°. 68, van Woensdag 19 Maart 1828, weer 2½ C. weet ik evenmin als waarom met N°. 12 een tweede zegel: „Koningryk der Nederlanden. Buitengewoon te zegelen". op het blad werd gesteld. Dat met het jaar 1829 de courant door eene lijn van afscheiding tusschen het hoofd en de berigten, en door eene zwaardere lijn tusschen de kolommen, een gewijzigd aanzien kreeg, verdient misschien alleen daarom te worden vermeld, omdat men er met het jaar 1830 weer op terugkwam; het stond dan ook niet bijzonder mooi.

Is de geschiedenis van de Amsterdamsche Courant omstreeks dezen tijd vrij onbeduidend, de inhoud was het niet minder. De geheimzinnigheid toch, die reeds in 1626 en 1632 [1] aan de Amsterdamsche Couranten eigen was, en waarmede het in 1763 en 1773 bij gelegenheid der faillissementen van de Neufville en Clifford [2] niet beter was gesteld, deed ook nog omstreeks het jaar 1830 haren ongelukkigen invloed gelden, toen Mr. Jeronimo de Vries, Griffier en chef van het Secretariaat van Amsterdam, — en die wegens zijne veelzijdige bemoeijingen spottenderwijze de vijfde Burgemeester van Amsterdam genoemd werd —, de rol van Censor vervulde. Dat dit eene officiële betrekking was, in aard en karakter wellGt overeenstemmende met het vroegere Commissarisschap der binnen- en buitenlandsche tijdingen, betwijfel ik [3]; want van de beide redacteurs destijds aan de courant verbonden: Mr. Adriaan Taunay en Jean Etienne

---

[1] Zie Fruin in den Volks-Almanak van 1863, bl. 97.

[2] Zie mijne studie: De Amsterdamsche Beurs in 1768 en 1773, bl. 62.

[3] Het adresboek kende die betrekking niet.

Fynje [1], tusschen wie de arbeid beurtelings was verdeeld, was alleen de laatste volgzaam genoeg om zich geheel naar den wil des Censors te voegen, die zich op de Heeren- gracht de proeven der courant ter goedkeuring liet aan- bieden. Ook met het Commissarisschap der Stads-drukkerij schijnt deze betrekking niets gemeens te hebben gehad, daar Mr. Adriaan de Bruine, Jan George ten Sande, en Daniel Birrius Campen omstreeks dezen tijd dit ambt uitoefenden. Wat hiervan ook zij, en hoe bevreemdend het ook is dat van deze geheele zaak door 's mans lofredenaar [2] met geen enkel woord wordt gewag gemaakt, de door Mr. Jeronimo de Vries uitgeoefende censuur, waardoor de belangrijke Bel- gische berigten, die Mr. A. Taunay zich door zijne uitgebreide betrekkingen voor de courant had weten te verschaffen, voor 't meerendeel werden geschrapt, had geen ander gevolg, dan dat het onwaardig gekeurde nieuws door het toen nog jeugdig Algemeen Handelsblad werd opgenomen, waaraan Fynje's zoon toen en later werkzaam was [3].

---

[1] Bij raadsbesluit van 31 October 1849 werd hem met 1 Januarij 1850 een wachtgeld van f 1200 toegekend. Geboren te Delft in Au- gustus 1777 overleed hij te Amsterdam 30 Maart 1866. Hij was de zoon van den welbekenden Wybo Fynje, die aan de Hollandsche His- torische Courant (en niet de Zuid-Hollandsche Courant, gelijk de Heer de Bosch Kemper, Staatk. Gesch. v. Nederland bl. 286 beweert; aan dit blad toch hebben J. C. ten Noever en Mr. Dominicus Costerus, Burge- meester van Woerden gewerkt), heeft gearbeid en later onder Schim- melpenninck en Koning Lodewijk directeur der Staats- en Koninklijke Couranten was, waarschijnlijk als voorganger van Mr. J. D. Meijer. Zie van der Aa, Biogr. Woord. 8e uitg. deel 6, bl. 278, 9. Nav. 1866, bl. 14.

[2] B. Ter Haar in de Handel. der Maatsch. v. Nederl. Letterk. 1853, bl. 180 en volgg. Wel wordt daar vermeld hoe in verloop van tijd van de hand van Mr. Jeronimo de Vries tal van kleine necrologiën van min of meer beroemde stadgenooten in de courant werden opgenomen.

[3] De Arke Noachs van Anton Cramer stak dan ook in haar Januarij- en September-nummer van 1831, bl. 36—38, 303—309 den draak met de Amst. Courant. Volgens het Algemeen noodwendig woordenboek der zamenleving, aanvankelijk zamengesteld door P. G. Witsen Geysbeek, in voce: Courant, strekte die censuur zich zelfs tot de advertentiën uit,

Eene andere letter vindt men weer bij het begin van 1831,
de splitsing in officiëel en niet-officiëel gedeelte met 1 Januarij 1832, en bij den aanvang van 1839 het adres opgegeven: „Te Amsterdam, bij J. van Bonga Jr." Toen met
N°. 153, van Donderdag 1 Julij 1841, de courant nogmaals
eene andere letter en ander papier kreeg, het adres onder de
tweede kolom op de laatste bladzijde werd gesteld, en om de
ruimte daarin kortweg de naam: (op het) Rokin werd gesteld,
las men aan het hoofd van het blad wederom iets omtrent
den prijs der courant in deze bewoordingen; „De Prijs dezer
Courant, die geregeld alle Werkdagen wordt uitgegeven,
is 7 Cents per nummer, (voor de Buitensteden franco met
1 Cent verhooging)". Wat de reden is, dat het zegel nu
weer 2 C. is, blijkt niet, evenmin waarom eerst met N°.
112, van Dingsdag 30 April 1844 het buitengewoon zegelmerk vervalt, daar de wet van 3 October 1843, *Stbl.* N°.
47, bij Besluit van 13 Maart 1844, *Stbl.* N°. 18, reeds
„met den klokslag van middernacht tusschen den een en
dertigsten Maart en den eersten April" van dat jaar ver-
bindende kracht had erlangd [1]. Intusschen was ten gevolge
van de verplaatsing der Stads-drukkerij van het Rokin naar
de Nes in een gedeelte der oude Groote Vleeschhal, op
N°. 20, van Dingsdag 24 Januarij 1843, in het adres de
naam Rokin in Nes overgegaan.

Door eene nieuwe letter en ander papier kreeg de courant
met den aanvang van 1845 alweer een ander aanzien.
Uit het opschrift boven de drie eerste nummers blijkt dat
het blad nog steeds voor denzelfden prijs werd verkrijgbaar
gesteld, en dat ook de advertentiën nog evenveel kostten
als vroeger. Dit jaar ondergaat de courant verder geene
verandering dan dat met N°. 82, van Maandag 7 April,

in welke zij willekeurige veranderingen maakte, of dezelve ronduit wei-
gerde op te nemen. De Courant had dan ook eindelijk bijkans geen
ander dan een Amsterdamsch publiek.

[1] Dit laatste evenwel kan misschien verklaard worden uit de oprui-
ming van in voorraad gezegeld papier.

wederom in het adres een woord vervalt, en nu als plaats
van uitgifte kortweg wordt aangewezen: (Ter) Stads-Drukkerij. Met het begin van 1846, sedert welken tijd de
naam des uitgevers voorkomt als: J. van Bonga, is de prijs
der advertentiën evenwel verminderd, en voor 1—5 regels
ƒ 1.50, elke regel meer 30 Cents. Met N°. 105, van
Zaturdag 2 Mei 1846, kwam die opgave van prijs eindelijk
voor goed aan het hoofd der courant.

Oude herinneringen gewagen nog van belangrijke winsten
die de Amsterdamsche Courant heeft opgeleverd, ja noemen
zelfs het cijfer van ƒ 27,000 dat het blad als zuivere winst
afwierp. Dit punt schijnt intusschen moeijelijk nagegaan te
kunnen worden, daar naar men wil het finantiëel beheer
der courant weleer niet van dat der drukkerij, waarvan het
de voornaamste post moet zijn geweest, gescheiden was.
Zooveel is echter zeker dat die gulden dagen ten gevolge
van den onvoldoenden inhoud van het blad, en van het
meer en meer binnendringen der buitenlandsche couranten,
reeds lang tot de geschiedenis behoorden, toen met den
1sten Januarij 1847 Mr. S. Vissering als hoofdredacteur
optrad. Door zijne vroegere medewerking aan het Algemeen
Handelsblad geen vreemdeling meer op het gebied der
dagbladpers, had de Heer Vissering, daartoe aangezocht,
reeds in de maand Februarij 1846 eene korte memorie
opgesteld over eene mogelijke hervorming van de Amsterdamsche Courant, waarvan de denkbeelden en zelfs de
uitdrukkingen grootendeels werden toegeëigend en overgenomen in het rapport over die Courant, dat door de
Commissie uit den Raad, benoemd bij besluit van 3 September 1845, en bestaande uit de Heeren: P. Huidekoper,
A. F. Insinger, P. Hartsen, Claude D. Crommelin en H. J.
Koenen, den 25sten April 1846 werd uitgebragt. Ofschoon
nu ten gevolge van een en ander het optreden van den
nieuwen hoofd-redacteur aanvankelijk op 1 October 1846
scheen bepaald, zoo kwam hiervan evenmin iets, als van
een later door den heer Vissering gedaan voorstel, dat de

Courant hem voor zijne rekening zou worden overgedragen. Eerst het vaststellen der „punten van overeenkomst waarop de Hoofddirectie der Amsterdamsche Courant aan den Heer Mr. S. Vissering opgedragen en door hem aangenomen is" maakte het optreden van de nieuwe redactie mogelijk op den 1sten Januarij 1847.

De Courant was toen „in eenen achterlijken en verwaarloosden staat," en de „zorgen van verbeteringen in te voeren, moesten zich uitstrekken over alles: over de administratie, over het materiëel, over den vorm, over de hulpmiddelen, over het personeel, over de inrigting, over de zamenstelling, over de redactie. Eene menigte misbruiken van allerlei aard waren ingeslopen," zooals „de groote kwistigheid waarmede men te werk ging met het kosteloos plaatsen van aankondigingen en advertentiën en het afgeven van present-exemplaren," een gebruik dat voor een aanmerkelijk deel voortsproot uit „onderscheidene raadsbesluiten van oude dagteekening die niet waren ingetrokken." Verder moest in verband met de vergrooting der courant eene nieuwe snelpers worden aangeschaft, waartoe men aanvankelijk ongenegen was, en waardoor ook de vergrooting een half jaar naar zich liet wachten. Zoo bleef ook de verwijdering der mederedacteurs, Mr. A. Taunay, aan wien door de Commissie in haar rapport bij meer ijver minder geschiktheid, en J. E. Fynje, wien bij minderen ijver meer geschiktheid was toegekend, in de pen, omdat men hunne aanspraken op pensioen — beiden genoten een traktement van ƒ 1800 — niet outkennen kon, doch ze ongaarne scheen in te willigen.

Desniettegenstaande verbeterde de Courant aanmerkelijk nu ook beschouwingen aan de berigten verbonden werden, en er den 1sten Maart met N°. 51 ook verbetering werd gebragt in den vorm, door de verdeeling in drie kolommen en door het plaatsen van het wapen boven den titel. Hiermede evenwel ging eene verhooging van prijs gepaard, die voor Amsterdam ƒ 5.50, voor elders ƒ 6.50 werd in de drie maanden, — waarvoor men echter gratis het Dagverhaal van de

Handelingen der Staten-Generaal ontving, — terwijl afzonderlijke nummers thans voor 't eerst voor ƒ 0.10 verkrijgbaar
werden. Daartegenover echter stond eene gedeeltelijke vermindering van prijs voor de advertentiën, die behalve het
zegelregt van ƒ 0.35 voor 1—3 regels ƒ 1 en voor 4—7 regels
ƒ 1.50, voor elken regel daarboven ƒ 0.20 werd. Deze verbetering intusschen was slechts de voorbereiding van de veel
grootere verandering die de Courant nog in hetzelfde jaar
met N°. 153, van Donderdag 1 Julij 1847, onderging, toen
het blad den vorm en de verdeeling der Nieuwe Rotterdamsche
Courant in vier kolommen aannam, waardoor de abonnementsprijs nogmaals met 1 Gld. verhoogd, en het zegel tot
3 C. opgevoerd werd. Nu hadden er drie uitgiften van het
blad plaats: ten 4 ure ter verzending met den spoortrein van
4½, ten 5½ ter verzending met de post en ten 7½, waarom dan ook de stads-exemplaren bovenaan de aanwijzing:
„Derde Uitgifte" hadden.

Had reeds de meervermelde commissie in haar rapport een
afkeurend oordeel uitgesproken over de nog altijd bestaande
censuur van Mr. Jeronimo de Vries, al moest ze ook erkennen dat taal, stijl en inkleeding der courant zulks wel
eenigermate wettigde, die censuur had thans, als het on-
vermijdelijk gevolg van het optreden van eenen krachtigen
en frisschen geest de wijk moeten nemen. „Het Stedelijk
Bestuur onthield zich dan ook van alle inmenging in den
gang der redactie." Doch toen met September 1847 de
hoofdredacteur gedurende twee maanden aan het ziekbed ge-
kluisterd en ver van de redactie verwijderd bleef, veranderde
dit geheel en al, en „ging de courant in deugdelijkheid
achteruit." „Op straffe van afzetting" werden de mederedacteurs onder anderen „door het collegie van Burgemeesteren
en Wethouders gedwongen om een ingezonden stuk over de
stedelijke verkiezingen in de courant op te nemen waarvoor
zij de verantwoordelijkheid niet wenschten te dragen."

Intusschen was, gelijk reeds is gezegd, „het formaat der
courant vergroot, haar uiterlijk voorkomen zooveel mogelijk

verfraaid, de administratie der courant op nieuwen voet
geregeld, en werden velerlei pogingen aangewend om de
courant in hare nieuwe gedaante bekend te maken. Bovendien werd de redactie der nieuwstijdingen op beteren voet
gebragt; de handelsberigten werden eene zaak van groot belang; binnen- en buitenslands werden allengs talrijke correspondenten aangenomen; verscheidene kundige mannen werden
overgehaald tot het leveren van artikelen: en het resultaat
dezer bemoeijingen bleek bij het einde van 1847 te zijn,
dat ja de uitgaven de inkomsten overschreden, maar tevens
dat de sedert 5 jaren toenemende achteruitgang in het debiet
en de opbrengst der advertentiën gestuit was."

Deze in alle opzigten bevredigende uitkomst, het onmiddel-
lijk gevolg van zooveel mogelijk vrijzinnig ordelijk beheer kon
echter niet verhinderen, dat de liberale geest die .de courant
bezielde, — en vrijzinnigheid was immers tot voor weinig
tijd nog het schrikbeeld van elke Amsterdamsche regering —
gedurende den winter van 1847 op 1848 het Stedelijk Bestuur herhaaldelijk pogingen deed aanwenden om de nieuwe
rigting te fnuiken, pogingen, die wel is waar eerst gestaakt,
maar later bij missive van 19 September 1848 meer ernstig
werden doorgezet. Bekrompen behoudszin en partijdrift wees
toen op het cijfer van f 15,711,25^5, als zijnde het nadeelig
saldo over het jaar 1847 [1], en op de schuld van f 5200
voor de nieuw aangeschafte snelpers, in tegenstelling met
het nadeelig saldo over 1864, groot f 2,831.89^5. Want
hierbij werd moedwillig over het hoofd gezien, dat, alhoewel
in het eerste halfjaar van 1847, het getal der Couranten uit de
hand en aan de ombrengers verkocht nog maandelijks daalde,

---

[1] Deze en den volgende cijfers der nadeelige saldo's over de jaren
1847 tot 1852 werden mij van wege het gemeentebestuur welwillend ver-
strekt. De verifiëring was des te meer noodig daar in den Y- en Am-
stelbode — waaraan toen mede een zoon van J. E. Fynje verbonden
was — van Zaturdag 4 October 1851, N⁰. 32, daaromtrent eenige opgaven werden gedaan, die dan ook alleen wat de jaren 1847 en 1848
betreft, zoo goed als juist zijn bevonden.

dit cijfer in het tweede halfjaar van 1847 maandelijks was toegenomen dat de opbrengst der vaste abonnenten van ƒ 4,999.81⁵ in 1846 op ƒ 6,313.18 in 1847 was gestegen; dat die der advertentiën van ƒ 13,772.86 in 1846 tot op ƒ 15,738.08 in 1847 was geklommen; en dat over 't geheel de ontvangst van ƒ 41,160.88⁵ in 1846 tot op ƒ 43,797.22⁵ in 1847 was opgevoerd [1]. Het belangrijk verschil tusschen de nadeelige saldo's van beide jaren had dan ook geen anderen oorsprong dan dat de uitgaven die in 1846 slechts ƒ 43,992.78 bedroegen, in 1847 tot op ƒ 59,164.26⁵ waren gestegen, iets dat het gevolg moest zijn van eene meer doelmatige inrigting der hulpmiddelen. Ware men niet sinds lang overtuigd dat de cijfergroeperingen der conservatieven niets dan geknutsel zijn tot zelfbehoud en zelfverdediging, het hier gezegde zou er het meest onomstootelijk bewijs van kunnen leveren.

Dit nadeelig saldo nu werd toegeschreven aan „ondoelmatige handelingen van het beheer der inrigting" zoo als het behoud van den abonnementsprijs op het oude bedrag gedurende de tweede helft van 1847, en de uitgave van het Dagverhaal. Maar ook hier stond het Stedelijk Bestuur stuur beneden de waarheid, want de abonnementsprijs was immers wel degelijk verhoogd; alleen was de prijs der courant voor de ombrengers, die men in 't belang der courant moest te vriend houden, tot 1 Januarij 1848 op 6¼ C. gebleven, om toen eerst 7 C. te worden. Verder werd de slechte uitkomst geweten aan de verkeerde rigting der redactie, die de courant met „schouwburg-artikelen en dergelijke nietigheden" — waarvan naar men wil Mr. J. T. Buys schrijver was — opvulde, en blijkbaar „de partij koos van hen die zich tegen het bestaande gezag en tegen de bestaande orde van zaken verzetten en met den geest van omkeering bezield waren." Deze laatste grief, die stellig de eenige opregte was, leidde dan ook tot de verklaring, dat onder alle

---

[1] Vermoedelijk moet dit laatste cijfer met ƒ 344,21⁵ worden verminderd.

omstandigheden, 't zij dat de redactie haar leven beterde of niet, de verbindtenis met den heer Vissering met 31 December 1849 ten einde zou loopen. Ofschoon dit nu lijnregt in strijd was met art. 2 der punten van overeenkomst, waarbij uitdrukkelijk gezegd was, dat ,,wanneer de courant met 1º Januarij 1850 of later geen geldelijk voordeel opleverde, noch redelijk uitzigt op zoodanig voordeel in de toekomst volgens het oordeel van het Stedelijk Bestuur aanbood, de aanstelling zou kunnen worden ingetrokken," — omdat men eensdeels in September 1848 dergelijk oordeel nooit kon vellen, anderdeels zulk oordeel met het oog op overgelegde cijfers niet gewettigd was, — besloot de heer Vissering met 15 October 1848 zijn afscheid te nemen, daar zijne onafhankelijkheid bedreigd en zamenwerking langer onmogelijk was. [1] Eene nadere poging om de courant voor zijne rekening over te nemen leed schipbreuk op den onwil van het Stedelijk Bestuur, en vermogt slechts het bewijs te leveren dat de aanvrager geenszins de sombere voorspellingen voor de toekomst deelde. En hiermede eindigde het kortstondig tijdperk waarin Amsterdam met hare Stads-courant een flink figuur heeft gemaakt.

Wanneer tegenwoordig te Amsterdam in het namiddag-uur de bezoekers van societeiten en koffijhuizen zich als om strijd beijveren eene zoogenaamde Tweede of Ochtend-editie magtig te worden, dan zijn er waarschijnlijk weinigen die weten dat het de dagen van Februarij 1848 zijn geweest, die, althans wat de Amsterdamsche Courant betreft, ,,de editie" hebben in het leven geroepen, waarvan de Buitengewone of Extra-Couranten, sedert Donderdag 24 Februarij van dat jaar door den heer Vissering bezorgd, de eerste levensteekenen waren. Maar 't was eerst met Nº. 213, van Vrijdag 8 September van dit jaar, dat in het hoofd der courant werd aangekondigd dat die Morgen-Editie ten 12 ure, de eigenlijke Courant des avonds

---

[1] Blijkens de Amsterdamsche Courant van Maandag 16 October 1848, Nº. 245, heeft de heer Vissering deze verklaring aan het Stedelijk Bestuur bij missive van 3 October 1848 afgelegd.

tusschen 7 en 8 uur verkrijgbaar was. Of het nu juist aan deze verbetering alleen te danken was, dat het nadeelig saldo in 1848 tot op ƒ 9,470.13⁵ en in 1849 tot op ƒ 7,774.67 daalde, zou ik niet durven beslissen, evenmin of zulks te danken was aan den invloed van den opvolger van den heer Vissering, den Heer Harmen Boom, een onderwijzer die reeds vroeger in Drenthe een blad geschreven had; want cijfers alleen leveren geen maatstaf tot beoordeeling.

Waarschijnlijk waren het wel de nog altijd ongunstige financiële uitkomsten van het blad die er toe leidden, dat met 1 Jannarij 1850 de courant weêr een kleiner formaat in drie kolommen aannam, waardoor het zegel tot op 2 C. en de abbonnementsprijs op 6 en 7 Gld. werd teruggebragt. Te gelijkertijd kreeg de courant een nieuw wapen, waarbij eindelijk de druipstaartende schildhouders voor goed werden opgegeven, en deelde het hoofd mede dat nu de Morgen-Editie ten 1 ure, de Courant des avonds van 7½ tot 9 ure verkrijgbaar was. Ook nu nog vindt men op de stads-exemplaren de aanwijzing: ,,3ᵉ Uitgifte.''

Dank zij vermoedelijk deze inkrimping van het formaat en de daardoor teweeggebragte vermindering van het zegel, die op ieder abonnement niettegenstaande de vermindering in prijs ƒ 2.10 winst opleverde, daalde het nadeelig saldo in 1850 tot op ƒ 2329.69 en in 1851 tot op ƒ 1243.51⁵, ofschoon het in 1852 wederom steeg tot op ƒ 2741.02⁵. In 7 jaren tijds had de courant derhalve aan de stad den kapitalen prijs van ƒ 42102.18⁵ gekost. Het in 1734 onregtmatig verkregen goed begon eindelijk slecht te gedijen. Dit bewoog dan ook den heer Wiardi Beckman om in de avondzitting van den Raad van Donderdag 20 November 1851 [1], bij gelegenheid der beraadslagingen over de begrooting voor 1852, de toestand der Amsterdamsche Courant ter sprake te brengen, en het voorstel te doen eene Commissie te benoe-

---

[1] Bijvoegsel Amsterdamsche Courant van Zaturdag 22 November 1851, N°. 277.

men om te onderzoeken of de stads-courant zou behouden blijven, en welke middelen alsdan aangewend konden worden om het blad op te beuren. De toenmalige Burgemeester de heer van Reenen bragt hierop in het midden dat reeds vroeger twee [1] commissiën ten dezen waren werkzaam geweest, die elk een verschillend rapport hadden ingeleverd, en dat tengevolge van de beschouwingen der laatste commissie de courant op den toen bestaanden voet was ingerigt; dat vroeger toen het blad grooter van formaat was er meer correspondenten werden bezoldigd, hetgeen gedurende drie jaren een lastpost voor de stad was geweest, maar dat thans, nu het formaat kleiner was geworden ook de kosten verminderd waren. Na eenige discussie, waaraan behalve de genoemde heeren de leden Insinger, Bosch van Drakestein, de Bosch Kemper, en Backer deel namen, en waarbij in het licht werd gesteld hoe moeijelijk het was voor stads-couranten die geen politieke kleur konden hebben [2], om de mededinging met andere bladen vol te houden, werd het voorstel van den heer Beckman met 34 tegen 1 stem aangenomen, waarop de Burgemeester tot leden der bedoelde commissie benoemde de heeren Wiardi Beckman, van Vollenhoven, Boot, Bienfait en Backer, de laatste in de plaats van den heer van der Oudermeulen. Het rapport door deze commissie uitgebragt, werd eerst in de zitting van den Gemeenteraad van Woensdag 11 Aug. 1852 [3] behandeld, en wel in geheim comité aangezien de zaak nog al aanleiding gaf om over personen te spreken. En nu volgde eenige maanden later in de ochtend- en avondzitting van den Raad van Vrijdag 26 November 1852 [4],

---

[1] De eerste was die van 3 September 1845, de tweede vermoedelijk van 1849.

[2] Deze stelling beaam ik niet. De liberale vlag van den Amsterdammer in 1847 en 1848 strekte juist de hoofdstad tot bijzondere eer.

[3] Bijv. Amsterdamsche Courant van Donderdag 12 Augustus 1852, No. 190.

[4] Bijv. Amsterdamsche Courant van Zaturdag 27 November en Maandag 29 Nov. 1852, No. 282 en 283.

de discussie over, en de vaststelling van de voorwaarden, waarop, ingevolge het voorstel der voormelde commissie, de courant aan een persoon uit verschillende die
zich daarvoor hadden aangemeld, zou worden overgegeven.
Ten slotte verklaarden zich van de 33 aanwezige leden 26
voor en slechts 7 tegen het beginsel van overdragt. Bij
de stemming echter die toen volgde tot aanwijzing van den
persoon of de personen aan wie het regt van uitgifte zou
worden gegund — tot de sollicitanten behoorden de heeren:
Mr. J. L. de Bruyn Kops en Mr. J. T. Buys, J. van Bonga en
A. J. de Bull (reeds aan de courant werkzaam), Mr. J. H.
Gilquin (thans lid der Arrond.-Regtb. te Haarlem), Harmen
Boom (de toenmalige redacteur die weldra aftrad), en Proost
en Enschedé — erlangden eerst bij de herstemming, nadat
reeds twee vrije stemmingen hadden plaats gehad, de heeren
de Bruyn Kops en Buys 15, J. van Bonga en A. J. de
Bull 17 stemmen.

Wat nu de voorwaarden der overdragt betreft, deze waren:

a. De uitgever zal verpligt zijn dagelijks, Zon- en erkende
feestdagen uitgezonderd, minstens één nommer te leveren.

b. De officiële stukken van het stedelijk bestuur en van
stedelijke administratiën en inrigtingen zullen worden geplaatst
in een officieel gedeelte der courant, zooals thans geschiedt,
zonder dat de uitgever daarvoor eenige betaling geniet.

c. In buitengewone omstandigheden, ter beoordeeling van
den Burgemeester of van Burgemeester en Wethouders, zal
op de vordering daartoe strekkende, een extra-nommer der
courant worden uitgegeven, waarin zijn opgenomen de officiële stukken, die den uitgever ter plaatsing zullen zijn toe-
gezonden.

d. Het personeel ¹) dat thans werkzaam is, zal, mits niet

---

¹) Daartoe behoorde ook de, persoon van Jan Frederik Suyver, jaren
lang een der ijverigste en bekwaamste mannen in zijn vak ter Stads-
drukkerij, en die na den verkoop der Amsterdamsche Courant aan de
tegenwoordige eigenaren in hunne dienst overgegaan en geruimen tijd
als meesterknecht werkzaam was, tot dat hem het algemeen toezigt over

ongeschikt wordende bevonden, door den uitgever worden in dienst overgenomen, met uitzondering van de leden der redactie. Niemand zal, binnen de eerste zes maanden na de overdragt, kunnen worden ontslagen, dan tengevolge van wangedrag.

e. De afstand van het regt tot uitgifte en de toekenning der aan die uitgifte verbonden voorregten zullen geschieden, of tegen betaling van eene som in eens, of tegen eene jaarlijksche uitkeering, met zekerheidstelling van den uitgever tot betaling en tot naleving van de met hem overeengekomen voorwaarden. — Deze bepaling onderging op voorstel van den heer Uytwerf Sterling in zooverre eene wijziging, dat bij de overeenkomst ook zou kunnen worden bepaald, dat de nieuwe eigenaar eene jaarlijksche uitkeering deed en daarenboven eene som in eens stortte, welke som dan uit den aard der zaak minder zou worden, dan ingeval geene jaarlijksche uitkeering plaats had.

f. Het Stedelijk Bestuur neemt de verpligting op zich, de officiële stukken en kennisgevingen in geen ander dagblad hier ter stede uitkomende, te doen opnemen.

g. Het Stedelijk Bestuur behoudt aan zich het regt, aan den uitgever de bevoegdheid van het voeren van het stads-wapen op de courant en de plaatsing van officiële stukken te ontnemen, indien het blijkt dat, eene verkeerde rigting aan het blad wordende gegeven, na twee waarschuwingen, daarmede wordt voortgegaan; welke waarschuwingen zullen plaats hebben, wanneer eene uit vijf leden bestaande Raads-commissie, na onderzoek en na bevinding dat de courant artikelen bevat, die de zedelijkheid en welvoegelijkheid kwet-sen, den Raad hiervan dient van berigt en deze een besluit tot de waarschuwing neemt.

---

de geheele drukkerij der firma van Bonga & C⁰. werd toevertrouwd. Bij zijn verscheiden wijdde de heer de Bull in de Amsterdamsche Courant van Vrijdag 7 Februarij 1868, N⁰. 33, een sierlijk woord van hulde aan zijne nagedachtenis.

h. Indien na de herhaalde waarschuwing, die intrekking van het regt der uitgifte plaats vindt, zal het Stedelijk Bestuur bevoegd zijn, zelf een blad uit te geven, ter mededeeling van de officiële stukken, of die aan een ander dagblad ter plaatsing te zenden.

Van deze voorwaarden nu, die in het later gesloten contract van 23 December 1852 met de heeren Jacobus van Bonga en Abraham Johannes de Bull, artikelsgewijze en in eene eenigzins andere volgorde zijn gebragt, verdienen enkele bepalingen nog even opzettelijk besproken te worden. Het onzekere toch dat uit den aard der zaak bij punt e was blijven bestaan, is in het contract weggenomen doordien de nieuwe uitgevers zich daarbij verbonden hebben om jaarlijks binnen de eerste drie maanden eene recognitie van 1000 Gld. aan de stad te voldoen, en daarenboven tot verzekering van hunne onderscheidene verpligtingen een kapitaal op het 2½ pCt. Grootboek hebben geplaatst. Zoo is ook met betrekking tot de rigting van het blad alle twijfel weggenomen of de nieuwe redactie vrij was in de keuze van hare staatkundige kleur.

De beantwoording verder der vraag welke beteekenis aan deze overdragt van het regt tot uitgifte der Amsterdamsche Courant moet worden gehecht, is dunkt ons niet van belang ontbloot, vooral met het oog op hetgeen elders is voorgevallen. Bij gelegenheid toch van den langdurigen strijd tusschen 1848 en 1851 gevoerd tusschen de heeren Enschedé, uitgevers der Haarlemsche Courant, aan de ééne, en de stad Haarlem aan de andere zijde, over de vraag wie van beiden eigenaars dier courant was, welk geschil door de taaije maar billijke volharding der uitgevers ten slotte is geëindigd met de volledige erkenning van hun goed regt, werd ook de vraag beantwoord welke beteekenis aan het begrip van eigendom of eigendomsregt eener courant moet worden gehecht. Mr. G. de Vries Az. beantwoordde zulks in zijn Advies ten gunste der stad Haarlem, door op bl. 14 te zeggen: ,,De naam, door hem of degenen, van wien hij zijn terg ontleent, uitgedacht, en als titel boven zijne courant geplaatst, is zijn eigendom. — Het eigendomsregt of kopijregt van eene courant sluit in zich het regt om eene courant onder zekeren naam of titel uit te geven; dat regt is het voornaamste deel van dit eigendomsregt." Al sprak nu ook Mr. B. Donker Curtius in zijn Advies, mede ten gunste der stad Haarlem, op blz. 1 van: „uitgevers, op zich nemende de risico dier uitgifte, de winsten daarvan genietende, maar ook daarvoor eene retributie betalende," zoo kwam toch het oordeel van Prof. H. W. Tydeman, in zijne Consideratien ten gunste der uitgevers blz. 11: „volkomen regt van eigendom op eene courant; dat is, de faculteit om die te blijven uitgeven" merkwaardig overeen met dat zijner tegenpartij, den heer de Vries. Waar tegenstanders zoo eenstemmig zijn valt aan de juistheid hunner uitspraken niet meer te twijfelen, en moet derhalve het begrip van eigendom eener courant synoniem worden geacht met het regt van uitgifte. En zoo is het dan ook te Amsterdam in 1852 opgevat. Ter voorkoming van alle misverstand heeft men niet gesproken van den afstand van het vage, onbestemde begrip van eigendom, maar van het duidelijk aangewezen regt tot uitgifte der courant aan de contractanten, hunne erven of regtverkrijgenden. Maar al is nu deze eigendom zoo vrij en onbelemmerd mogelijk overgedragen, zoo verheug ik mij toch uit eerbied voor den hoogen ouderdom der courant, dat haar voortdurend bestaan ook bij staking der uitgifte en het dientengevolge niet verder opnemen van officiële kennisgevingen, hoe onwaarschijnlijk ook, gewaarborgd is door de bepaling, dat de stad alsdan wederom „eene Amsterdamsche Courant" zal kunnen uitgeven. Of nu de Gemeenteraad bij zijn besluit, van Donderdag 15 November 1866, tot uitgave van het Gemeenteblad, niet den geest van het in 1852 bepaalde heeft miskend, zou ik moeijelijk durven ontkennen.

Onbegrijpelijk evenwel is het mij hoe het Stedelijk Bestuur nog in 1852 eenig gewigt hechtte aan het verleenen der bevoegdheid tot het voeren van het stedelijk wapen boven de

courant; belagchelijke ijdelheid en bekrompen gehechtheid aan
een symbool, dat vol beteekenis in oorsprong, zijn waren
zin sedert lang verloren heeft, en waaraan de heer Enschedé
in zijne Bedenkingen, blz. 59—63, en 116 den genadeslag
heeft gegeven door de vraag, of dan alles waarop een stedelijk wapen voorkomt ook stedelijk eigendom is, gelijk b. v.
de vele duizende Leidsche kazen, die jaarlijks met het Leidsche wapen voorzien in den handel worden gebragt, het
eigendom der stad Leijden? Betaalt nu al de firma Enschedé
sedert het jaar 1850, voor het voeren van het Haarlemsche
wapen in het hoofd der courant, dat werkelijk sedert hare
laatste vergrooting met N°. 225, van Maandag 24 September 1866, een pronkstuk van houtsnêekunst is geworden,
eene jaarlijksche recognitie van f 300 [1], wij willen daarop
geen aanmerking maken, maar kunnen onze verwondering
niet terughouden, dat toen de stad Haarlem toch eenmaal
alle beweringen had moeten prijs geven, zij aan de recognitie voor haar wapen is blijven vasthouden, en dat de uitgevers zich dit hebben laten welgevallen. Want niet alleen
dat het gebruik maken van stedelijke wapens nergens wettelijk
geregeld is, en straffeloos schijnt te kunnen geschieden,
maar wat meer zegt, de waarde eener courant wordt niet
door een wapen als „kenmerk van afkomst, om het voordeel van den roem of het crediet daaraan gehecht, te verzekeren," verhoogd. Veel verstandiger heeft dan ook m. i.

---

[1] Ook te Middelburg gaf de betaling eener recognitie aanleiding tot
een proces tusschen die gemeente en de Gebr. Abrahams, uitgevers der
Middelburgsche Courant. Bij vonnis der Arr.-Regtb. te Middelburg van 26
April 1854 (Weekbl. v. h. Regt, van Maandag 14 Aug. 1854, N°. 1564,
bl. 3) werd toen, met een beroep op art. 8 der Grondwet, m. i. ten
onregte beslist, dat de bestaande overeenkomst tot het bij uitsluiting
plaatsen der officiële stedelijke publicatiën tegen eene jaarlijksche recognitie van f 250, van nul en geener waarde was. Bij arrest van den
Hoogen Raad van 30 Maart 1855 (Weekblad v. h. Regt, van Maandag
9 April 1855, N°. 1632, bl. 1) werd dan ook dit vonnis vernietigd,
de bestaande overeenkomst gehandhaafd, en de uitgever veroordeeld, ofschoon m. i. op niet geheel zuivere gronden.

de nieuwe uitgever der Amsterdamsche Courant gehandeld, toen hij van het hem zoo genadig verleende regt tot het voeren van het Amsterdamsche wapen geen ander gebruik heeft gemaakt dan door het plaatsen van zoodanige houtsnede van zeer bescheiden omvang boven de officiële stukken, dat met den aanvang van 1860 eene zelfs nog meer bescheiden afmeting aannam. Een flink antwoord op eene bekrompen houding!

En zoo is dan met 1 Januarij 1853 de derde periode in de geschiedenis der Amsterdamsche Courant aangebroken. Voortgesproten uit den gezonden ondernemingsgeest van bijzondere personen, later tengevolge van politische regten bij usurpatie overgegaan in handen waar zij niet t'huis behoorde, is zij eindelijk weer teregt gekomen daar waar zij vrij en onbelemmerd het hoofd opsteken mag. Aanstonds werd dan ook weer de grootere vorm in 4 kolommen aangenomen, en werd de naam: Amsterdamsche Courant, Nieuws- en Advertentie-blad. Zoo veranderde ook de aanwijzing: 3ᵉ uitgifte, in: (Avond-Editie.) Maar met die vergrooting en verbetering van inrigting werd dan ook de prijs der courant tot op ƒ 6.50 en ƒ 7.50 gebragt, ofschoon die der Advertentiën van 1—3 regels op 1 Gld. en van 1—7 regels op ƒ 1.50 bleef. [1] Dat eerst met N° 8 in het hoofd de aanwijzing voorkwam dat het „Bureau: Nieuwendijk, H. 37" [2] gevestigd was, en dat er met N°. 127, van Woensdag 1 Junij 1853, inkrimping van het hoofd plaats greep door het wegnemen van de opgave der correspondenten, is stellig minder belangrijk, dan dat de courant met N°. 306, van Woensdag 28 December eene andere letter kreeg, en tegelijkertijd aankondigde, dat het blad met 1 Januarij 1854 met het oog op de handelsberigten eene belangrijke verbetering stond te on-

---

[1] Aldus volgens het hoofd der Courant; want, naar men mij verzekert, had die prijsverhooging reeds vroeger plaats gegrepen.

[2] In den gevel van dit perceel vindt men den naam: Suratte.

dergaan, maar daarom ook 1 Gld. duurder werd in de drie
maanden. Immers het aanknoopen van dagelijksche en geregelde correspondentiën per telegraaf met de voornaamste
handels- en stapelplaatsen, beurzen en havens van meer
dan een werelddeel, was iets geheel nieuws, waarvan de
redactie zich aanzienlijke opofferingen moest getroosten. Sedert
dien tijd heeft het hoofd der courant wel is waar nog
menige verandering ondergaan, waarvan wij de opgave echter
achterwege houden, omdat zij te onbeduidend is, maar niet
verzwegen mag worden dat het tegenwoordig buitenlandsch
overzigt als het gevolg van de gebeurtenissen in Italië in
het voorjaar van 1859, voor het eerst voorkwam in de courant
van Woensdag 13 April 1859, N°. 88. De laatste verandering die het blad in zijne administratie onderging was
het gevolg van het overlijden van den heer Jacobus van
Bonga op 10 Augustus 1864, waardoor het administratief
beheer in zijn geheel aan den heer A. J. de Bull overging
en het blad dan ook sedert N°. 202, van Vrijdag 26 Augustus 1864, in het adres in plaats van „Te Amsterdam,
bij J. van Bonga" de woorden: „bij van Bonga en C°."
heeft. Aan welke bepaling het nu toe te schrijven is, dat
sedert N°. 2, van Woensdag 2 Januarij 1856, slechts één
zegelmerk op de courant voorkomt, durf ik niet te bepalen.
  Tot de eigenlijke lotgevallen van het blad in deze periode
behoort de vervolging in het jaar 1858 tegen den heer J.
van Bonga, als uitgever, ingesteld wegens het plaatsen eener
advertentie, betreffende de Keurvorstelijke Hessische premiën-
staats-leening van het jaar 1845, in de couranten van Donderdag 13 en Vrijdag 14 Mei 1858, N°. 113: Deze over-
treding van art. 4 van het Besluit van den Souvereinen
Vorst van den 22sten Julij 1814, N°. 69, Stbl. N°. 86,
houdende verbod van alle vreemde of partikuliere loterijen,
doorliep alle instantiën. Zie Weekblad van het Regt van
Maandag 30 Mei en Donderdag 30 Junij 1859, N°. 2064
en 2073. Bij vonnis van het Kantongeregt N°. III te Amsterdam van 13 December 1858 van alle regtsvervolging ont-

slagen, werd de uitgever bij vonnis der Arrond.-Regtb. te Amsterdam van 24 Maart 1859 tot eene geldboete van 25 Guld. veroordeeld, eene uitspraak die bij uitvoerig arrest van den Hoogen Raad van 8 Junij 1859 werd bevestigd.

Gelijk ieder dagblad heeft ook de tegenwoordige Amsterdamsche Courant hare eigenaardige verdiensten, waarvan ik in tegenstelling met Algemeen Handelsblad en Nieuwe Rotterdamsche Courant in de eerste plaats de doelmatige letter reken. Ook de particuliere buitenlandsche correspondenten, een krachtige steun eener goede courant, heb ik menigmalen hooren prijzen. Dat het blad onder zijn tegenwoordig bestuur de woelige conservatieve, anti-Thorbeckiaansche factie is toegedaan, is algemeen bekend en wordt door mij niet het minst betreurd. Mogt nog eenmaal het oogenblik aanbreken, dat de Amsterdamsche Courant, dat oudste gedenkteeken der Nederlandsche dagbladpers, niet langer in het gezelschap met die van Iz. J. Lion cum suis worde aangetroffen, maar met hare veel jongere Arnhemsche zuster in liberaliteit, oorspronkelijkheid en onbevangen zin wedijvere, het zou het mij zoo dierbaar Amsterdam tot voordeel zijn, en den uitgever niet tot schade!

Mr. W. P. Sautijn Kluit.

Amsterdam, *October* 1867.

Overgedrukt uit de *Bijdragen voor Vaderl. Geschiedenis en Oudheidkunde*, N. S., V^de jaargang.

Milton Keynes UK
Ingram Content Group UK Ltd.
UKHW020537190624
444315UK00009B/681